BROUKAL | FILZMAIER | HAMMERL
HÄMMERLE | NIEDERWIESER
PLAIKNER | ULRAM | WINKLER

# Politik auf Österreichisch

JOSEF BROUKAL
PETER FILZMAIER | ELFRIEDE HAMMERL
KATHRIN HÄMMERLE
ERWIN NIEDERWIESER | PETER PLAIKNER
PETER A. ULRAM | HANS WINKLER

# Politik auf Österreichisch

## Zwischen Wunsch und Realität

Bildnachweise:
Abb. Josef Broukal: Johannes Zinner (Fotograf)
Abb. Peter Filzmaier: Institut für Strategieanalysen
Abb. Elfriede Hammerl: Walter Wobrazek
Abb. Kathrin Hämmerle: private Bestände
Abb. Erwin Niederwieser: private Bestände
Abb. Peter Plaikner: private Bestände
Abb. Peter A. Ulram: private Bestände
Abb. Hans Winkler: private Bestände

Alle Rechte, insbesondere das Recht der Vervielfältigung und Verbreitung sowie der Übersetzung, vorbehalten. Kein Teil des Werks darf in irgendeiner Form (durch Photokopie, Mikrofilm oder ein anderes Verfahren) ohne schriftliche Genehmigung des Verlags reproduziert werden oder unter Verwendung elektronischer Systeme gespeichert, verarbeitet, vervielfältigt oder verbreitet werden.

Die AutorInnen und der Verlag haben dieses Werk mit höchster Sorgfalt erstellt. Dennoch ist eine Haftung des Verlags oder der AutorInnen ausgeschlossen. Die im Buch wiedergegebenen Aussagen spiegeln die Meinungen einzelner AutorInnen wider und müssen nicht zwingend mit den Ansichten des Verlags übereinstimmen.

Der Verlag und seine AutorInnen sind für Reaktionen, Hinweise oder Meinungen dankbar. Bitte wenden Sie sich diesbezüglich an verlag@goldegg-verlag.at.

Die Verwendung der geschlechtsneutralen Schreibweisen ist – abhängig von den Präferenzen der Autorinnen und Autoren – in diesem Werk nicht einheitlich umgesetzt. Stets sind die VertreterInnen beiderlei Geschlechts gemeint.

ISBN: 978-3-901880-43-8
© 2009 Goldegg Verlag GmbH, Wien
Mommsengasse 4/2 • A-1040 Wien
Telefon: +43 (0) 1 5054376-0
E-Mail: office@goldegg-verlag.at
http://www.goldegg-verlag.at

## Vorwort des Verlags

*„Die da oben ... die haben es sich gerichtet ... man kann doch eh keinen mehr wählen ... die sind sowieso alle gleich ..."*

Kennen Sie das? Sind Sie auch Teil dieses Stimmungsorchesters, das die Meinungslandschaft der Österreicherinnen und Österreicher ebenso laut wie unermüdlich untermalt?

Und die Realität scheint uns recht zu geben: *„Affären und Sex-Skandale! [So] verhält es sich derzeit mit dem politischen Personal drüben in den Alpen."* (gekürzt) schreibt „Die Welt" am 27. 2. 2008 in einer Bestandsaufnahme der Politik ihres südlichen Nachbarn.

Vertuschungsskandale, Rot-Licht-Affären, Pleiten, Unterschlagungen, Amtsmissbrauch, Behinderung der Justiz, all das kommt auf der Liste der Begriffe vor, mit denen die Bürger dieses Landes ihre Politiker in Verbindung bringen. Im harmlosen Fall denken wir an schlummernde Parlamentarier im Plenarsaal, an unverständliche Fernsehansprachen und Mehrfachbezüge bei Ämterkumulierung.

Aber sind gähnende Abgeordnete, kindisches Mediengepolter und parteipolitische Machtspiele wirklich das Abbild unserer Regierenden? Und wenn es so ist, besteht die Hoffnung, dass es einmal anders, besser, wird? Oder sind unsere Politikerinnen und Politiker heillos gefangen zwischen Populismus und Parteizwang?

Es gibt wahrlich viel zu sagen und jeder tut es. Die Politikerbeschimpfung ist eines der liebsten österreichischen Hobbys, das jeder in Perfektion beherrscht. Man hat die Lacher auf seiner Seite und kann sich der Aufmerksamkeit sicher sein, wenn man seinen Humor über die Schwächen unserer politischen Elite ergießt. Schließlich genießt einer Umfrage zufolge kaum noch ein anderer Beruf weniger Ansehen als die Politikerzunft. „Politik auf Österreichisch" eben, und weit und breit kein „Obama-Feeling" in Sicht.

Aber Politik ist auch mehr, sie durchdringt unser gesamtes gesellschaftliches Leben und ist die Gestaltungsmöglichkeit, die wir alle selbst in Händen halten. An wen denken wir, wenn wir von einem „großen Politiker" sprechen? Was erwarten wir von unseren gewählten Vertretern, worauf legen wir Wert, wo sind wir blind und wo offen für Ideen und Veränderungen?

Das Anliegen dieses Buches ist es, einen Bogen zu schlagen: Von der Aufnahme des Ist-Zustandes im „Alltag der Politik" zur Wunschvorstellung einer „idealen Politikerin" oder eines „idealen Politikers", hin zur Realität des politischen Lebens, seinen Mühsalen und Hindernissen. Und von erdrücktem Engagement und im Keim erstickter Motivation kommen wir schließlich vorsichtig wieder zurück zur Vision, wie es sein könnte.

Der Verlag bedankt sich herzlich bei seinen Autorinnen und Autoren, die dieses Buch möglich gemacht haben. Allen voran bei JOSEF BROUKAL, der dieses Buchprojekt sofort aufgegriffen und mit seinen Ideen vorangetrieben hat. Er gestattet einen sehr persönlichen Einblick in sein politisches Leben und in seine Vision politischer Arbeit. Die Polit- und Medienprofis, PETER FILZMAIER, PETER PLAIKNER und KATHRIN HÄMMERLE haben sich ebenfalls spontan bereiterklärt, mitzuwirken und wagen sich an die heißen Eisen der Politik. PETER A. ULRAM nimmt die Politikverdrossenheit zielgenau aufs Korn. Die Top-Journalistin ELFRIEDE HAMMERL widmet sich einem besonders heiklen Kapitel der österreichischen Parteipolitik. Der renommierte Journalist HANS WINKLER befasst sich mit drängenden politischen Fragen ebenso wie mit dem Einfluss Jörg Haiders auf die österreichische Politlandschaft. ERWIN NIEDERWIESER, ehemaliger SPÖ-Nationalratsabgeordneter, entlarvt Gesetzgebung, wie sie nicht im Buche steht und zeigt aus erster Hand die Tücken des Parlamentarismus auf.

Alle gemeinsam zeichnen ein buntes Bild der Vielfalt, gestalten aus verschiedenen Blickwinkeln den Versuch die Eigenheiten der österreichischen Politik zu erfassen und an Sie, geschätzte Leserinnen und Leser, weiterzugeben.
Wir wünschen Ihnen viel Vergnügen, Spannung und Nachdenklichkeit beim Lesen.

Ihr *Goldegg Verlag*

## Inhaltsverzeichnis

Vorwort des Verlags .................................. 5

I. Alltag Politik – Zwischen Wunsch und Realität ....................................... 11
1. Kuschelnd durch die Krise ................ 13
2. Von Interesse zur Politikverdrossenheit – „Warum nur mag man uns nicht mehr?" ...... 19
3. Gegen die Beliebigkeit ...................... 33
4. Die heißen Eisen und neue Herausforderungen .......................................... 39
5. Brennpunkt Integration ...................... 57
6. Politiker und „das Volk"? .................. 65

II. Der ideale Politiker ............................ 77
1. Was Wähler von Politikern eigentlich erwarten ........................................... 79
2. Was Politiker dürfen ........................ 91
3. Was Wähler dürfen .......................... 95
4. Von der Vertrauenskrise zur Kultur des Misstrauens ...................................... 97

III. Der reale Politiker ............................ 101
1. Warum wird jemand Politiker? ........... 103
2. Der Weg zum Politiker ..................... 107
3. Politik als Beruf .............................. 109
4. Zwischen Politprofi und Legende ........ 119
5. Prominente Quereinsteiger ................ 129

IV. Von der Vision zur Realität ................ 133
1. Warum dieser Text? ......................... 135
2. (Fast) alles Recht geht von der Regierung aus ................................................. 139
3. Minister unterlaufen das Fragerecht ..... 143

| | | |
|---|---|---|
| 4. | Berichte – mit drei Jahren Verspätung ........... | 153 |
| 5. | 17 Stunden und 13 Minuten in einem Stück .... | 155 |
| 6. | Über die Abgeordneten drüberfahren ............ | 161 |
| 7. | Abgeordnete gegen Minister – ein ungleiches Match ................................................................ | 165 |
| 8. | 272 : 6 ............................................................... | 169 |
| 9. | Wie lange noch? ............................................... | 173 |
| **V.** | **Von der Realität zurück zur Vision** ............... | **177** |
| 1. | Das ideale Parlament ....................................... | 179 |
| 2. | Wo geht's hier zum Unterrichtsausschuss? ..... | 183 |
| 3. | Gesetzgebung wie sie „im Buche steht" ......... | 185 |
| 4. | Gesetzgebung wie sie nicht „im Buche steht" | 189 |
| 5. | Parlamentarismus wie er öfters sein könnte... | 199 |
| 6. | Eins ist nicht 92 – wie viele Menschen braucht es für EIN Gesetz? ........................................... | 203 |
| 7. | Und wo bleiben die Bürger? .......................... | 207 |
| 8. | Zwei Jahrzehnte Bildungs- und Wissenschaftspolitik ................................................... | 213 |
| 9. | Bessere Bedingungen für die parlamentarische Arbeit? ............................................................. | 219 |
| 10. | Über die Qualität der parlamentarischen Arbeit ............................................................... | 223 |
| 11. | Das Parlament als einzig legitimierter Vertreter des Volkes ...................................................... | 225 |

Autorinnen und Autoren ................................... 231

# I. Alltag Politik
## Zwischen Wunsch und Realität

*„Genug gestritten"*
*(SPÖ)*

Hans Winkler

# 1. Kuschelnd durch die Krise

Beim Versuch, den Zustand der österreichischen Politik nach der Wahl von 2008 und der Installierung der schon traditionellen „Großen" Koalition zu beschreiben, wird man einigermaßen desperat. Dem Versprechen eines neuen Aufbruchs nach den weitgehend verlorenen Jahren 2007/2008 – zwar historisch keine sehr lange Zeit, aber lang genug, um Versäumnisse spürbar werden zu lassen – möchte man gern glauben, die Erfahrung zwingt aber zu größter Skepsis. Stattdessen drängt sich der Eindruck auf, es handle sich eher um eine „Restauration des Ständestaates", wie es Michael Fleischhacker bezeichnet, nur dass „diesmal alle dabei sind und keiner etwas zu fürchten hat"[1].

Unter Politik wollen wir hier verstehen, was der große Jurist Georg Jellinek damit gemeint hat: Er hat schon 1906 eine Diagnose der österreichischen Verhältnisse gestellt, die so frappant den heutigen ähnlich sind, dass man vermuten könnte, es handle sich um einen Dauerzustand des politischen Gemeinwesens. Jellinek gehört gewissermaßen zu den juristischen Hausgeistern des Österreichers. Von ihm stammen wissenschaftliche Erkenntnisse, die in den Volksmund übergangen sind, wie die von der „normativen Kraft des Faktischen" und die rechtspositivistische Auffassung, dass das „Recht ein sittliches Minimum" markiere.

Mit dem Versprechen, „den Problemen des Staatswesens auf den Grund zu schauen" ist diese Regierung gleich gar nicht angetreten, obwohl ja große Koalitionen angeblich als einzige imstande seien, „große Projekte" anzugehen und daraus ihre Berechtigung beziehen. Vielmehr muss man ihr unterstellen, sie habe geradezu den Zweck, den Problemen des Staates eben nicht auf den Grund zu schauen, sondern sie zu verdrängen. Es ging den Akteuren hauptsächlich um die Wiederherstellung von Verhältnissen, die für die „normalen" der Republik gehalten werden: Totale Penetration des Staates durch die beiden Regierungsparteien und der mit ihnen verbundenen Machtapparate der Sozialpartnerschaft, deren Vertreter sich wieder vermehrt auf Parlamentssitzen und in Regierungsämtern finden.

Neu ist allerdings tatsächlich, dass in die Sozialpartnerschaft auch marktbeherrschende und mit angemaßtem Machtanspruch auftretende Boulevard-Medien einbezogen werden. Insofern muss man es geradezu als konstitutiv für diese Regierung ansehen, wie der frühere Bundeskanzler und sein damals noch präsumptiver Nachfolger in einem beispiellosen Akt der Selbsterniedrigung dem Herausgeber der Kronenzeitung in einem offenen Brief versprochen haben, eine EU-Politik in seinem Sinne umzusetzen, nämlich alle künftigen EU-Verträge einer Volksabstimmung zu unterwerfen.

Ein weiteres Fanal für diese Regierung war der 24. September 2008, vier Tage vor der Nationalratswahl, als sich linker und rechter Populismus zu einem einmaligen Akt des Ausverkaufs der wirtschafts- und sozialpolitischen Vernunft zu einem Gesetzgebungsreigen der Wählerbestechung zusammengetan haben. Ironischerweise haben sich die konjunkturellen Annahmen für diese Geschenksdemokratie schon ein paar Tage darauf als falsch erwiesen: Die Ölpreise sanken stark, die Inflation, für die bestimmte

Bürger entschädigt werden sollten, ging alsbald ebenfalls merklich zurück. Aber selbstverständlich denkt niemand daran, irgendetwas davon wieder zurückzunehmen.

Das krisenhafte weltwirtschaftliche Umfeld liefert sogar noch die Ausrede für diese Art von Politik. Müssen nicht in der Krise alle positiven Kräfte zusammenarbeiten? Aber das ist ein gefährlicher Unsinn: Die Krise wird nicht dadurch bewältigt, dass alle mit von der Partie sind, sondern dass das Richtige getan wird. Und das Richtige in der Politik ist meistens nicht das Angenehme und Populäre. Da man sich den Boulevard-Medien einmal ausgeliefert hat, muss man sich nach deren Geschmack richten: Scheingefechte liefern und dann wieder „kuscheln". Allein die Karriere dieses unsäglichen Wortes aus einer unseriösen Beziehung, sagt viel über den Unernst, mit dem hier und heute Politik gemacht wird. Eine scharfe Auseinandersetzung um eine Sache und dann vielleicht ein verantwortbarer Kompromiss – das genügt diesen Ansprüchen nicht.

Die Generalannahme, von der alle Politik in Österreich heute diktiert wird, ist die von der großen Armut. Wenn alle oder jedenfalls sehr viele arm sind bzw. sich arm vorkommen dürfen, muss jeder für etwas „entschädigt" werden. Diese „gefühlte Armut" geht weit in wohlhabende bürgerliche Schichten hinein, die noch am Flughafen beim Abflug zu Weihnachtsferien in einer ferne Urlaubsdestination darüber lamentieren, dass die „Armen immer ärmer werden".

Da muss dann zwangsläufig alle Politik zur Sozialpolitik und diese wiederum als Umverteilung definiert werden, die natürlich nur der Staat „gerecht" vornehmen kann. „Soziale Wärme" wird dann das beherrschende politische Programm. Das ist die Erklärung für die allgemein beobachtete Renaissance des Staates. Die Mindestsicherung ist dann ebenso selbstverständlich wie der Anspruch auf Entschädigung, den pensionierte Bank- und Industrie-Manager an den Staat erheben, weil ihre Pensionskassen Geld an der Börse verloren haben. „Die Aktivierung sozialer Erwartungen unter egalitären Vorzeichen ist eine Erfolgsformel der SPÖ", schreibt der Grazer Politologe Wolfgang Mantl, sie habe ihr immer noch geholfen, Wahlen zu gewinnen.[2]

Daraus erklärt sich auch das überraschende neue Interesse an der Bildungspolitik. Sie wird als Zentral-Schlüssel zur allgemeinen Weltverbesserung und zur Schaffung eines neuen Menschen verstanden und damit zu einem weiteren Schauplatz der Sozialpolitik – und sie befriedigt auf unerwartete Weise das seit langem ungestillte Ideologiebedürfnis der Linken.

Angesichts dieser Restauration wird jetzt klar, dass die schwarz-blaue Koalition ab 2000 nur eine Episode sein konnte. Erstens: Weil sie gegen den vermeintlichen Grundkonsens der Zweiten Republik verstieß, nämlich den, dass die SPÖ immer an der Regierung beteiligt sein muss und nicht etwa den, dass es eine „Große Koalition" geben müsse, wie schwarze und rote Bundespräsidenten immer suggerieren, wenn sie von den „bestimmenden Kräften" reden. Gegen eine Alleinregierung der SPÖ und eine rot-blaue Koalition ist vom Standpunkt der Tugendwächter der demokratischen Moral nichts einzuwenden.

Auch aus einem zweiten Grund mussten die sieben Jahre ein Zwischenspiel bleiben: Die großen Koalitionen hatten einen Reformstau hinterlassen, der nur in einer anderen Konstellation aufgelöst werden konnte und das bedeutete zugleich eine stärkere marktwirtschaftliche Orientierung, die aber erfolgreich als „neoliberale Kälte" denunziert wurde. Dass davon zwar nicht die Rede sein konnte und auch unter Schüssel die Sozialquote so hoch geblieben ist, wie sie immer gewesen war, half ihm nichts mehr. Heute hat sich selbst seine eigene Partei von ihm innerlich abgewendet.

Als eine Rechtfertigung für eine Große Koalition wird regelmäßig ins Treffen geführt, dass sie „jetzt aber ganz anders" sein werde. „Koalition neu" heißt das dann – und sie werde deshalb auch das Erstarken des rechten Populismus verhindern. Der Beweis dafür ist noch nie erbracht worden – im Gegenteil. Die Regierungen von 1986 bis 1999 haben den Aufstieg der Haider-FPÖ gefördert, die Farce einer Regierung von 2007 und 2008 hat gereicht, FPÖ und BZÖ wie einen Phönix aus der Asche steigen zu lassen.

Wir wollen gut regiert werden, auch wenn wir es eigentlich nicht verdienen, wie G. B. Shaw bösartig gemeint hat. Aber wie geht das: Gut regieren? Regieren besteht aus Wollen und Handeln, wobei das Wollen das Schwierigere ist. Die Versuchung der Akteure, die Dinge irgendwie laufen zu lassen, und dem Publikum weiszumachen, es handle sich um wirkliche Lösungen wirklicher Probleme, ist sehr groß. Im Kern bleibt die Aufgabe immer dieselbe: Das Notwendige möglich zu machen.

## Anmerkungen

1 Michael Fleischhacker: Niemals Vergessen. Leitartikel in Die Presse. 2.10. 2008.
2 Wolfgang Mantl: „Aktuelle Transformationsprobleme Österreich" in Schausberger (Hg.) Geschichte und Identität. Festschrift. Wien-Köln-Weimar 2008 S. 335.

Peter A. Ulram

## 2. Von Interesse zur Politikverdrossenheit – „Warum nur mag man uns nicht mehr?"

*„Was immer auch geschehen mag,
nie sollst so tief Du sinken:
Von dem Kakao, durch den man Dich zieht,
am Schluss auch selbst zu trinken".*
ERICH KÄSTNER

### Die Nationalratswahl 2008 und die Folgen

Bei der Nationalratswahl vom 28. September 2008 haben ÖVP und SPÖ massive Stimmenverluste erlitten und ihr jeweils schlechtestes Wahlergebnis seit der Gründung der 2. Republik eingefahren. Die ÖVP hat zwar etwas mehr verloren – dank der Kampagne des Boulevards und dank eines inferioren Wahlkampfes, in Summe finden aber SPÖ und ÖVP nur noch bei 55 Prozent der WählerInnen und bei vier von zehn Wahlberechtigten Anklang. Rot, Schwarz und Blau-Orange spielen nun in der gleichen Liga und die FPÖ ist bei Jungen, Arbeitern und Beschäftigten in der Privatwirtschaft die stärkste Partei – ein déjà vu von 1999, nur dass FPÖ und BZÖ nun gemeinsam mehr Stimmen haben als die FPÖ damals. Die Schwergewichte der beiden Traditionsparteien haben eine neue (zwar nicht mehr wirklich) Große Koalition installiert, die linke Intelligenz beklagt wortreich, aber analysearm den Sieg der angeblich

„Ewiggestrigen", „Onkel Hans" freut sich darüber, dass seine Leserschaft (inklusive deren Hunde, Katzen und Kanarienvögel, die laut Krone Faymann wählen würden) der Stimme ihres Herren ebenso gefolgt ist, wie sein Wahlneffe und nunmehriger Kanzler. Die Burggemäuer werden wieder einmal renoviert und sicherheitshalber hält man dort inzwischen auch eine Kemenate für die Grünen frei – wer weiß, vielleicht kommt man gemeinsam mit ihnen das nächste Mal noch über 50 Prozent. Dem Thema „Politiker- und Parteien-Verdrossenheit" dürfte somit ein langes und erfolgreiches Leben gesichert sein.

### Die „gute alte Zeit" des österreichischen Parteienstaates

Beginnen wir mit einem kleinen Rückblick in die Jugendjahre des Autors – nein, nicht aus Gründen nostalgischer Verklärung verflossener Zeiten, sondern um die Dramatik der politischen Veränderungen zu illustrieren, ohne die die Brüche und Verwerfungen der Gegenwart nur schwer verständlich sind. Noch in den Sechziger-Jahren des vorigen Jahrhunderts fühlten sich drei Viertel der ÖsterreicherInnen gefühlsmäßig mit ihrer Partei verbunden, für zwei Drittel kam die Wahl einer anderen Partei (als die, die sie immer schon gewählt hatten) nicht einmal in Frage, jede(r) Dritte las eine Parteizeitung und ein Viertel der Erwachsenen waren eingeschriebene Parteimitglieder. Vor allem die beiden Großparteien SPÖ und ÖVP konnten sich so auf eine breite und stabile Wählerbasis stützen, die dafür sorgte, dass die Parteien im günstigsten Fall an die 50-Prozent-Marke herankommen (die ÖVP 1966) bzw. sie überschreiten konnten (die SPÖ 1971–1979) und im ungünstigsten Fall nicht unter die 40-Prozent-Marke fallen konnten. Andere Parteien spielten zahlenmäßig keine relevante Rolle, es sei denn als mögliche (wenngleich nicht real eingesetzte) Absicherung für Regierungsmehrheiten. Mehr als 90 Prozent der Wahlberechtigten frequentierten regelmäßig die Wahllokale und gar nicht so wenige auch die Parteilokale – wenn schon nicht immer aus tiefer Überzeugung, so doch aus der nicht ganz unberechtigten Hoffnung, eine Wohnung, einen Job oder zumindest ein Empfehlungsschreiben zu erhalten. Dass nicht nur führende Positionen in der Verwaltung, in gemeindeeigenen Betrieben, im Rundfunk und in der Verstaatlichten Industrie nach Parteibuch und Proporz (sprich: jeder Partei ihren Einflussbereich und einen Anteil an allem) vergeben wurden, verstand sich von selbst und alle verstanden es. Und solange „die Insel der Seligen" vom internationalen Wettbewerb verschont blieb, konnte(n) das Land und die meisten seiner Bewohner davon und damit recht gut leben. Es war in der Tat die „gute alte Zeit" der Parteiendemokratie, jedenfalls für ÖVP und SPÖ, deren Politiker (Innen gab es damals nur eine Handvoll) durchaus noch Respektspersonen waren, so dass es sich der ach so liberale Bundeskanzler Kreisky noch ungestraft erlauben konnte, einen „impertinenten" Journalisten mit dem Satz „lernen Sie Geschichte, Herr Redakteur" ungestraft abzukanzeln bzw. bei der Besetzung von universitären Professorenstellen ganz ungeniert fragen konnte, „zu welcher Seite" denn dieser oder jener Wissenschaftler gehöre. Nur um Missverständnissen vorzubeugen – er war bei Weitem nicht der Einzige.

Von wesentlicher Bedeutung war freilich auch die sozialpsychologische Komponente dieses Systems. Natürlich gab es auch Unzufriedenheit und Verärgerung, aber die emotionale Bindung an eine Partei („einer von uns") bzw. die emotionale Abneigung gegen andere Parteien, die Einbettung in ein dichtes organisatorisches Netzwerk, materielle Vorteile und wohl auch Abhängigkeitsverhältnisse bildeten fest verankerte Barrieren gegen das Umschlagen von punktueller Kritik in wahlpolitische Denkzettel. Die meisten Politiker waren schon damals nicht wirklich beliebt – sieht man einmal von diversen Landesvätern ab – doch man bescheinigte ihnen zumeist Einsatzwillen und alles in allem gute Leistungen. So stellte der britische Politologe Alan Marsh (1990, S.167) aufgrund einer Untersuchung aus dem Jahr 1974 etwas irritiert fest: „Es handelt sich um eine seltsame Position (der Österreicher, Anm. d. V.). Sie haben das Gefühl, dass Beamte und Politiker sie ignorieren, dass man ihnen aber vertrauen kann, das Richtige zu tun und sich um das Gemeinwohl zu bemühen". Die WählerInnen und die Politiker fanden dies hingegen gar nicht so seltsam und es bedurfte einschneidender Veränderungen in (Teilen) der Wählerschaft, einer Veränderung des politischen Angebots und einer lange andauernden Ignorierung des politischen Wandels bzw. der Fehleinschätzung seiner Folgen durch die traditionellen Parteien um aus früheren Stärken fatale Schwächen zu machen.

### Mächtige Burgen auf Sand gebaut

Diese Veränderungen kamen zunächst auf leisen Pfoten. Die sozialen Kerngruppen der Großparteien (Arbeiter, Bauern) begannen zu schrumpfen, traditionelle Ideologien und Weltanschauungen verblassten (auch wenn sie wie der universitäre Marxismus nach 1968 einen zeitweisen Revival als intellektuelle Modeerscheinung erlebten), Gesinnungs- und Sozialgemeinschaften brachen auf und waren nicht mehr in der Lage, die nachwachsenden Generationen zu integrieren. Die (positiven) emotionalen Bindungen an Parteien nahmen ebenso ab wie die Bereitschaft, mit einer Partei unter allen Umständen durch dick und dünn zu gehen und sie zu wählen: In den folgenden

Jahrzehnten sank der Anteil an Personen mit Parteiidentifikation von drei Viertel auf etwas über 40 Prozent, jener von „enttäuschungsresistenten treuen" Wählern von zwei Drittel auf unter 30 Prozent. Zugleich wurde das organisatorische Netzwerk der Parteien immer löchriger – die Mitgliederstöcke schmolzen ab, Sektionen und andere lokale Organisationen verödeten, Parteizeitungen starben.

Während so das Fundament der mächtigen politischen Burgen erodierte und das Urgestein zu Sand zerbröselte, änderten sich die Burgen selbst kaum. Die Parteiapparate und das Gros der politischen Eliten (in den Parteien wie in Gewerkschaft und Kammern) verwechselten Anpassung mit Zustimmung, übten sich weiter in vollmundigen – zunehmend immer weniger einlösbaren und immer unglaubwürdigeren – Sicherheitsversprechungen und empfanden Forderungen nach Erneuerung zumeist als Bedrohung eingespielter Verhaltensweisen und Einflusspositionen. Im Zweifelsfall wurden die Mauerrisse übertüncht, die Fassade neu gestrichen bzw. ein weiteres Türmchen dazu gebaut.[1] Institutionelle Sklerose und politische Schwerhörigkeit vermehren so die Reibungsflächen zwischen der organisierten Politik und Teilen der Bevölkerung, zunächst speziell der jüngeren städtischen Bildungsschicht; früher funktionale Strukturen und Verhaltensmuster wurden dysfunktional, sprich sie verloren zum einen an Integrationsfähigkeit, zum anderen gaben sie Anlass zur Verärgerung und zur Suche nach Alternativen.

In der Wählerschaft begann sich ein „Unbehagen am und im Parteistaat" (PLASSER und ULRAM 1982) breitzumachen, verstärkt durch eine Reihe politischer Skandale; politisches Engagement fand nun auch außerhalb der etablierten Strukturen statt (dort ging es zurück), neue Gruppierungen wie die GRÜNEN und neu formierte Parteien (wie die FPÖ unter Jörg Haider) thematisierten stilistisch-moralische Kritik und neue Probleme und fanden auch (wenngleich anfangs eher bescheiden) Zuspruch an der Wahlurne – die Barrieren gegen politische Mobilität waren ja weitgehend abgebaut und man nutzte die gewonnene Freiheit um von dem erweiterten politischen Angebot auch Gebrauch zu machen.

**Einstürzende Mauern**
Endgültig erschüttert wurde die politische Landschaft in den neunziger Jahren des vorigen Jahrhunderts: Das zunächst noch recht diffuse Unbehagen schlug in eine veritable Parteien- und Politikverdrossenheit um, die von den Medien und der rechtspopulistischen FPÖ eifrig geschürt wurde und eine neue Qualität annahm, als nun die substanzielle Leistungsfähigkeit der etablierten Politik in Frage stand. Der Protest verlagerte sich zu den unteren Bildungs- und Sozialschichten, deren Angehörige sich von Internationalisierung und Wettbewerb wie von der kulturellen Modernisierung bedroht und von ihren traditionellen Vertretern im Stich gelassen fühlten. Die FPÖ unter Jörg Haider brachte „die kleinen Leute" bei uns gegen „die da oben" („Bonzen, Privilegienritter") oder „die von draußen" (EU-Bürokraten, Ausländer) in Stellung und den Unmut über die „abgehobenen, korrupten und unfähigen Politiker der Altparteien" auf den politischen Punkt und bescherte SPÖ und ÖVP serielle Wahlniederlagen, die letztendlich in den Nationalratswahlen von 1999 gipfelten.

Zweifellos gab es Versuche, sich diesen Entwicklungen entgegenzustellen. Busek vermochte die Wiener ÖVP neu zu orientieren und zu öffnen. Er scheiterte am Beharrungsvermögen des Apparates, der sich nach der ersten Wahlniederlage seiner entledigte. Vranitzky gelang es, die wirtschaftliche Modernisierung des Landes voranzutreiben und die widerstrebende SPÖ von den Vorzügen der EU zu überzeugen. Er scheiterte an innerparteilichen Intrigen (rund um den CA-Verkauf an die Bank Austria) und einer seiner Nachfolger sollte den europapolitischen Rückwärtsgang einlegen. Zudem versuchte er die FPÖ auszugrenzen, eine Politik, die freilich von vielen Genossen in den Bundesländern und auf der mittleren Funktionsebene nicht mitgetragen wurde und daher für viele WählerInnen nicht nachvollziehbar war – galten die Blauen doch das eine Mal (auf Landesebene) als willkommene Gesprächs- und Verhandlungspartner und das andere Mal (im Bund) als Inkarnation des Bösen. Die Konstellation einer großen Koalition tat das Ihrige: Sie trieb der Opposition und hier vor allem ihrer lautstarken Variante unzufriedene Wähler zu, verfiel gleichgültig in Selbstblockade („Angststarre") und handelte sich nicht ganz unberechtigt den Ruf eines „Verhinderungskartells" ein. Schüssel durchbrach die Blockade, beseitigte Hemmschuhe für die wirtschaftliche Entwicklung, reformierte das marode Pensionssystem und zwang die FPÖ zum Offenbarungseid (Mitgestaltung und Verantwortungsübernahme oder Fortführung populistischer Anti-Politik). Die bekannten Folgen waren internes Chaos, eine geschmalzene Wahlniederlage und eine Parteispaltung der FPÖ, an der das (nun) blau-orange Pseudolager noch heute laboriert. Nur hatte er (nicht ohne eigene Fehler) die Wähler überfordert, die ihm daraufhin die Gunst entzogen. Bei allen Unzulänglichkeiten und Differenzen hatten diese Personen (und es gab noch einige andere) doch drei Dinge gemeinsam: eine aktive Strategie, krisenhaften Herausforderungen zu begegnen, dezidierte Ziele die sie auch gegen Widerstände verfolgten und kein Schleimertum gegenüber mächtigen Medien. Mit der Neuauflage der Großen Koalition 2007 – ein aus Schwäche geborenes, ungeliebtes Bündnis ohne wirkliche gemeinsame Ziele – kehrten auch die alten Unsitten wieder zurück und mit ihnen der ubiquitäre Verdruss.

**Selbstmord aus Angst vor dem Tod**
Die Verdrossenheit über die „politische Klasse" oder „Kaste" (so ein italienischer Bestseller) hat somit – nach einem kurzen Abflauen zu Anfang dieses Jahrzehnts – wieder Hochkonjunktur und hat sich inzwischen auch als eigenständiges journalistisches Genre etabliert.[2] Sie schlägt sich den Staatsbürgern auf den Magen und in einer Art von „mürrischer Zuschauermentalität" nieder, die zwischen letztlich folgenlosem desinteressiertem Zynismus und periodisch-kurzfristigem Applaus für jene Politiker schwankt, die scheinbar „anders sind als die Anderen". An Letzteren besteht in Österreich durchaus kein Mangel. Das Angebot an selbst ernannten Vertretern der kleinen Leute reicht von der bodenständigen Variante (Dinkhauser) über Möchtegern-Nachfolger des Heiligen Franziskus (KPÖ-Kaltenegger), heldenhafte „Widerstandskämpfer" (H. P. Martin) bis hin zum autoritären Volkstribun (Haider, Strache). Eine andere Variante ist der dem Streit abholde, stets lächelnde und milde Gaben verteilende „Schwiegermuttertraum" à la Faymann (der uns noch beschäftigen wird). Der Applaus ist deshalb zumeist von begrenzter Dauer, weil zum einen die Karrieredauer stark von der medialen Orchestrierung und damit der (rasant abnehmenden) medialen Aufmerksamkeitspanne abhängt, zum anderen die populistischen Akteure sich offensichtlich im falschen Glauben wiegen, ihre Politiker- und Parteienbeschimpfung könne auf Dauer ohne Auswirkungen auf sie selbst bleiben. Dass dem nicht so ist, hatte schon der nun verstorbene Jörg Haider am eigenen Leib erfahren

müssen, der sehr schnell vom „Jäger der Altparteien" zum „gejagten Altpolitiker" mutierte und auch Peter Pilz, der die Abgeordneten (der anderen Parteien, versteht sich) als „Minderleister" abqualifiziert, weil sie angeblich nicht für ihre WählerInnen sondern nur für ihre Partei aktiv sind, wird diese Erfahrung wohl nicht erspart bleiben.

So richtig österreichisch erscheint neben der breiten ideologieübergreifenden Palette des heimischen Angebots der ausgeprägte sadomasochistische Zug vieler Angehöriger der politischen Klasse selbst (Sacher-Masoch war nicht zufällig ein Spross des österreichischen Adels). Man könnte dabei in Anlehnung an Barbara Tuchman („Die Torheit der Regierenden") von politischer Torheit sprechen, etwa wenn die erste Nationalratspräsidentin Barbara Prammer von sich aus einen medialen Hype über die Offenlegung und mögliche Begrenzungen von PolitikerInnen-Einkommen inszeniert, in dem der voyeuristische Blick auf das Gerstl anderer (nicht das eigene) mit politologischen Ergüssen und einer generellen Abqualifizierung des (zivilen) Berufseinkommens von Politikern als „Nebeneinkommen", das natürlich als solches zu hoch ist, wie Politikereinkommen (gleich welche) immer zu hoch sind (egal wie hoch sie sind), eine unheilige Verbindung eingeht. Selbstverständlich konnten sich die Medien diesen aufgelegten Elfmeter der PolitikerInnen auf das eigene Tor nicht entgehen lassen, wobei neben den „üblichen Verdächtigen" auch das öffentlich-rechtliche Fernsehen an der Populismus-Spirale drehte: Man entsendet ein Kamerateam an einem sitzungsfreien Tag ins Parlament und empört sich dann vor dem Mikrofon darüber, dass man nicht leere Abgeordneten-Schreibtische filmen darf.

Dennoch ist all diesen echten oder Möchtegern-Populisten wenigstens eines noch zugute zu halten, dass sie – sei es aus politischer Unbedarftheit, sei es aus politischem

Kalkül – versuchen, jenen medialen Tiger zu reiten, der sie selbst früher oder später verschlingen wird. Die endgültige Selbstaufgabe der Politik ist erst dann erreicht, wenn man sich dem Boulevard freiwillig unterwirft und sich von ihm die politischen Entscheidungen diktieren lässt.

Das rezente Beispiel ist bekannt: Die auflagenstärkste Tageszeitung führt eine monatelange Kampagne gegen die EU und für eine Volksabstimmung über den Reformvertrag – ein negative campaigning, bei dem auch dem abgebrühtesten Spin-doctor so mancher Schauer über den Rücken rieseln dürfte – und berichtet dann triumphierend darüber, dass sich die Einstellung zur EU verschlechtert hat. Daraufhin verkündet die sich gerade in einem Popularitätstief befindliche Kanzlerpartei SPÖ per Leserbrief des amtierenden Kanzlers und des neudesignierten Parteivorsitzenden (die beide jahrelang eben solche Volksabstimmungen abgelehnt hatten) an den Herausgeber der Zeitung ihren totalen Politikschwenk. Zum Dank für die Kapitulation einer Traditionspartei vor dem Medienpopulismus konstituiert sich die Zeitung als wahlkämpfende Partei und führt eine Kampagne für eben diesen neuen Parteivorsitzenden und Kanzlerkandidaten. Über diese Medien-Parteikampagne gäbe es viel zu schreiben – von den täglichen Angriffen auf die (noch) nicht unterwerfungswillige ÖVP über Wahlkampfberichte in der Tradition des Völkischen Beobachters (à la „unser geliebter Führer besucht die Gaustadt") oder der Prawda (à la „unser heldenhafter Parteivorsitzender widmet sich huldvoll den Sorgen der werktätigen Massen") bis hin zur Manipulation von Bildmaterial. Nur einige wenige sozialdemokratische Politiker protestieren und viele der ansonsten ach so gesprächigen kritischen Intellektuellen und Kulturschaffenden hüllen sich in Schweigen bzw. greifen zur abstrusen Rechtfertigungskonstruktion („Dem Boulevard das

Wasser abgegraben", so Peter Rosei in der „Presse" vom 30. 08. 08) – aber das ist eine andere Geschichte. Von Bedeutung ist hier, dass ein Kanzlerkandidat und das Gros seiner Partei endgültig den Primat der Politik dem Primat des Boulevards geopfert haben. Man könnte dies als „Afterpopulismus" bezeichnen – der sekundäre Populismus von Politikern und Parteien folgt dem medialen Populismus in der Hoffnung, vom primären Populismus profitieren zu können. Hier wird nicht mehr auf dem populistischen Klavier gespielt, sondern das Klavier spielt die Melodie für den Pianisten.

Es wäre freilich ungerecht, die Schuld nur bei einem Akteur zu suchen. Die Selbstaufgabe der Politik zeigt sich beim konkreten Beispiel auch darin, dass viele Politiker selbst der angegriffenen Partei (Landeshauptleute, Minister) auf Gegenwehr verzichtet haben und angstvoll-lustbetont (masochistisch eben) auf den Ausgang des Matches schielten: Gewinnt der Peitschenschwinger, so wird man sich ihm demnächst hingeben. Unabhängig vom unmittelbaren Ausgang des Spiels – wird sich das Publikum eher den Masochisten oder den Verweigerern der Strengen Kammer zuwenden?[3] – erscheint langfristig ein Resultat sicher: Die Verstärkung einer zwischen Zynismus und Verachtung schwankenden Haltung der StaatsbürgerInnen gegenüber ihren politischen Vertretern.

## Anmerkungen

1   Ein rezentes Beispiel stellt die Verankerung der Kammern in der Verfassung dar. Eine Initiative der Sozialpartner, die den Großteil ihrer ehemaligen Funktionen und Handlungsmöglichkeiten längst verloren haben, und noch rasch möglichen Gefährdungen durch nichtgroßkoalitionäre Regierungen vorbeugen wollten,

der von SPÖ und ÖVP untertänigst Rechnung getragen wurde. Man fühlt sich dabei an die Verkündigung des Dogmas von der Unfehlbarkeit des Papstes im 19. Jahrhundert erinnert, zu einem Zeitpunkt als der katholischen Kirche massenhaft Anhänger davonliefen und politische Machtpositionen verloren gingen. Allerdings passt dieser Unfug gut in das (nicht nur bei den Traditionsparteien) vorherrschende Verfassungsverständnis, nachdem die Verfassung weniger die grundlegenden Spielregeln und Rechte festlegt, sondern als Wunschliste für alles was gut, schön und teuer ist und als Versicherungspolizze für politische und soziale Vetopositionen gilt. Dementsprechend fehlt ihr auch die allgemeine Akzeptanz („Verfassungspatriotismus" auf Taxifahrerkonzessionen, Pflichtmitgliedschaft und soziale Schutzdeklarationen?) und man kann sie daher im Bedarfsfall ungeniert ignorieren – in Kärnten und anderswo.
2 Dem es freilich wie etwa bei Anneliese Rohrer „Charakterfehler: die Österreicher und ihre Politiker" oft am analytischen Tiefgang mangelt. Jüngst dazu von Michael Fleischhacker: „Politikerbeschimpfung".
3 Bekanntlich haben die Sadomasochisten gewonnen.

**Literaturverweise**

ERHARD BUSEK und CLEMENS HÜFFEL (Hg.): Politik am Gängelband der Medien, Wien 1998.

MICHAEL FLEISCHHACKER: Politikerbeschimpfung. Das Ende der 2. Republik, Wien 2008.

WOLFGANG KOS und GEORG RIGELE (Hg.): Inventur 45/55. Österreich im ersten Jahrzehnt der zweiten Republik, Wien 1996.

Alan Marsh: Political Action in Europe and the USA, Houndmills and London 1990.
Gianpietro Mazzoleni et.alt.(eds.): The Media and Neopopulism. A Contemporary Analysis, Westport and London 2003.
Fritz Plasser und Peter A. Ulram: Unbehagen im Parteienstaat, Wien 1982.
Fritz Plasser und Peter A. Ulram (Hg.): Wechselwahlen – Analysen zur Nationalratswahl 2006, Wien 2007.
Anneliese Rohrer: Charakterfehler. Die Österreicher und ihre Politiker, Wien 2005.
Barbara Tuchmann: Die Torheit der Regierenden. Von Troja bis Vietnam, Frankfurt/M. 1992.
Peter A. Ulram: Hegemonie und Erosion: Politische Kultur und politischer Wandel in Österreich, Wien 1990.
Peter A. Ulram und Svila Tributsch: Kleine Nation mit Eigenschaften. Über das Verhältnis der Österreicher zu sich selbst und zu ihren Nachbarn, Wien 2004.

Elfriede Hammerl

# 3. Gegen die Beliebigkeit

Ich pflege diese vielleicht altmodische Idee, dass Menschen in die Politik gehen, weil sie konkrete Vorstellungen davon haben, wie unsere Gesellschaft ausschauen sollte und wie sie besser funktionieren würde. Mir ist bewusst, dass solche Vorstellungen sehr unterschiedlich ausfallen können und nicht unbedingt miteinander kompatibel sind. Deswegen gibt es, so denke ich mir, Parteien. Dort setzen sich, so denke ich mir, Gleichgesinnte für gleiche Ziele ein. Die einen für eine Gemeinschaft, die alles daran setzt, Vorrechte durch Geburt abzuschaffen, beispielsweise. Die anderen für eine Gemeinschaft, in der Vorrechte durch Geburt möglichst konserviert werden. Die einen dafür, dass auch die Schwachen nicht auf der Strecke bleiben. Die anderen dafür, dass die Starken die Schwachen nicht mitschleppen müssen. Und so weiter. Es gibt, so denke ich mir, klare Grundsatzpositionen, für die man sich entscheiden muss, wenn man Politikerin oder Politiker wird und dann gibt es innerhalb einer Partei Ideen und Vorschläge, wie diese grundsätzliche Haltung in konkrete Maßnahmen umgesetzt werden soll. Das ist meine Theorie.

In der Praxis wird es freilich immer schwerer, Grundsätze auszumachen. Am Beispiel Kindergeld: Kennt sich noch irgendwer aus, wer wofür ist und was womit gefördert werden soll?

Naja, die Familien, die Geburten, die Vereinbarkeit

(von Beruf und Familie), die Wahlfreiheit der Frauen (zwischen Daheimbleiben und Arbeiten-gehen), ...

Für all das sind ja praktisch alle Parteien, mehr oder weniger. Die, die mehr für die Vereinbarkeit und weniger fürs Daheimbleiben sind, sagen das sehr moderat und betonen, dass Frauen sich selbstverständlich nach eigenem Gutdünken entscheiden sollen. Die, die mehr dafür sind, dass die Frauen – aber aus *freien* Stücken, bitte! – das Daheimbleiben wählen oder bloß das Dazuverdienen, statt einen Fulltime-Job mit Kindern vereinbaren zu wollen, lassen ebenfalls Vorsicht walten und verstecken sich allenfalls verbal hinter dem *Kindeswohl*, das über der mütterlichen Karriere nicht aus den Augen verloren werden dürfe.

So viel angebliche Einigkeit also, was die Zielsetzungen betrifft – und trotzdem so viel Gerangel, was die Umsetzung in Rahmenbedingungen anlangt.

Das liegt vielleicht daran, dass die Zielsetzungen einander bis zu einem gewissen Grad widersprechen, was aber die Parteien nicht zugeben. Wer eine traditionelle Rollenteilung zwischen den Geschlechtern *fördert*, kann nicht gleichzeitig ein neues Genderverständnis fördern. Sommer für alle, aber für diejenigen, die lieber Skifahren, soll gleichzeitig Winter sein?

Ja, eine pluralistische Gesellschaft muss unterschiedliche Lebenskonzepte und gegensätzliche Auffassungen zulassen, aber nochmals: Haben Parteien nicht eigentlich den Sinn und Zweck, *parteiisch* zu sein? Sollten sie nicht für eine bestimmte Auffassung stehen und klar definierte Gestaltungskonzepte vorlegen, statt für alles und nichts einzutreten und in jedem Teich fischen zu wollen?

Selbstverständlich gibt es eine jeweilige Kernklientel, deren Interessen die jeweilige Partei im Auge behält. Aber das sagen sie nur ungern, die Parteien. Deklarieren wollen sie sich nicht, statt dessen operieren sie mit weichgespülten Begriffen, möglichst allgemein, möglichst mehrdeutig, jede Partei ein Supermarkt, der seine Angebote bunt verpackt ins Regal stellt, jede Verpackung eine Glücksverheißung, die wenig aussagt über den konkreten Inhalt.

Soziale Gerechtigkeit. Mehr Chancen. Für eine bessere Zukunft. Für die Menschen. Für die Jugend. Für die Alten. Mehr Bildung. Arbeitsplätze. Umweltschutz. Gesundheit.

Wer wollte da dagegen sein? Aber was wird denn nun von wem unter sozialer Gerechtigkeit verstanden und wie soll sie hergestellt werden?

Konkret wird es dort, wo es grauslich wird. Die Rechten sind einigermaßen unverblümt: Ausländer raus, soziales Netz nur für Einheimische. Aber auch sie faseln in Interviews und öffentlichen Auftritten von sozialer Gerechtigkeit und gebärden sich bei passender Gelegenheit gar als Feministen, denen das Herz blutet angesichts geschlechtsspezifischer Einkommensunterschiede, obwohl ihre Homepage unter dem Stichwort Frauen hauptsächlich Texte über die angebliche Benachteiligung von Vätern nach Scheidungen liefert und ihre RepräsentantInnen Gleichstellungspolitik als Genderwahn diffamieren.

*Parteiprogramme lesen!* Ja, stimmt, die sind detailliert und konkreter, und danach ist man sicher klüger. *Wäre* man klüger, weil, seien wir realistisch, der durchschnittliche Bürger und die durchschnittliche Bürgerin das Studium der Parteiprogramme nicht zu ihren liebsten Freizeitbeschäftigungen zählen. Weswegen diese Programme den politisch Passiven von den politisch Aktiven nahegebracht und verständlich gemacht werden müssten.

Aber leider: wenig Klarheit, viel heiße Luft, kaum Rückgrat. Courage, PolitikerInnen! Sprecht aus, wofür Ihr steht, ohne Rücksicht auf Verluste! Das geht eben nicht.

Verluste können und dürfen nicht riskiert werden. Weil ... Warum eigentlich nicht?

Geht es darum, dumpfes Stimmvieh hin- und herzutreiben oder darum, Menschen zu überzeugen? Geht es darum, Überzeugungen zu haben und zu ihnen zu stehen oder bloß darum, mit beliebigen Versprechen an die Macht zu kommen? Und worum geht es, wenn es darum geht, an der Macht zu sein? Darum, jetzt endlich Konzepte umzusetzen oder bloß darum, an der Macht zu bleiben?

Was ist aus der guten alten Moral geworden?

Im Grunde sollte es ganz einfach sein: Man legt seine Vorhaben offen. Werden sie akzeptiert, werden sie hoffentlich gewählt. Werden sie nicht gewählt, dann hat man sich damit abzufinden, dass sie (noch) nicht akzeptiert wurden und kann darüber nachdenken, warum. Natürlich ist es zulässig, Standpunkte und Lösungsvorschläge sinnvoll zu modifizieren. Nicht zulässig ist jedoch der geschmeidige Austausch von Grundsätzen oder deren opportunistische Verschleierung, je nach Befund des angeblichen WählerInnengustos.

*Neutralität ja oder nein? Die Europapartei herauskehren oder Drohgebärden Richtung Brüssel? Zuwanderung befürworten oder auf restriktiv machen? Pflegenotstand ansprechen oder leugnen?* – Hängt stark davon ab, wie die Stimmung im Land ist. Verkündet wird, was hoffentlich ankommt. Offen bleibt, welche Mächte für die Stimmung verantwortlich sind und wie sehr die Politik nicht vielleicht im Kreis herum eh auf sich selber reagiert, ein Sich-in-den-Schwanz-beissen aus taktischem Kalkül, sozusagen.

Nein, keine pauschalen Verurteilungen. Ich unterstelle einer Mehrzahl der politisch tätigen Menschen durchaus aufrichtiges Bemühen um eine funktionierende Gesellschaft, sogar, wenn ich ihre Vorstellungen von den dazu nötigen Bedingungen nicht unbedingt teile. Sie sind nicht unmoralisch, aber sie geben sich, sagen wir: ethisch flexibel, weil Prinzipientreue, um es im Jargon des Boulevards auszudrücken, als unsexy verschrien ist.

Nur nichts Unpopuläres vertreten. Großer Fehler. Verprellt WählerInnen. Kostet Stimmen. Sehr ungeschickt.

Könnten wir nicht einmal herauszufinden versuchen, wie viele Stimmen schwammiger Populismus kostet und was Wahlenthaltung und Politikverdrossenheit damit zu tun haben?

Um unpopuläre Standpunkte erklären und vielleicht sogar in – bis zu einem gewissen Grad – populäre verwandeln zu können, brauchte es allerdings auch aufklärerische Medien. Statt dessen wird mangelnder Populismus von der heimischen Presse gern als strategische Unfähigkeit diskreditiert. Das Liberale Forum sei auf *Randthemen* fixiert, hieß es beispielsweise lange Zeit und die Forderung, in öffentlichen Schulen keine Kreuze aufzuhängen, wurde als lächerlich abgetan – als wäre die Frage nach der Zulässigkeit religiöser Einflussnahme auf staatliche Institutionen keine bedeutsame Grundsatzfrage.

Ja, aber: oberflächliches Wahlvolk. Der Mensch an sich: egoistisch, egozentrisch, konsumorientiert. Will kriegen. Nur am persönlichen Vorteil interessiert. Wählt im Zweifelsfall die, die ihm billigeres Benzin in Aussicht stellen. Ist das so?

Manches spricht dafür, viel spricht aber auch dagegen. Die Menschen engagieren sich nämlich in erstaunlichem Ausmaß für gute Zwecke, sie arbeiten ehrenamtlich, spenden bereitwillig für Katastrophenopfer, kümmern sich in ihrer Freizeit um Bedürftige, nehmen Anteil an ihren Mitmenschen. Vielleicht dürfte man durchaus darauf vertrauen, dass ihnen nicht nur ihr eigenes Wohlbefinden wichtig ist und dass sie bereit wären, sich für größere Entwürfe zu begeistern, wenn man sie ihnen im Klartext und mit glaubwürdiger Begeisterung unterbreiten würde.

Peter Filzmaier | Kathrin Hämmerle | Peter Plaikner

## 4. Die heißen Eisen und neue Herausforderungen

**Multikulti und Überalterung oder: Heiße Eisen werden auf Eis gelegt**

Alle Jahre wieder zu Schulbeginn versäumen wir eine wirkliche Aufarbeitung dessen, woran das globale Fanal der Twin Towers gemahnt: 9/11 ist das Logo unseres Untergangs. Aber in kollektiver Verdrängung wächst bloß der dumpfe Vorbehalt gegen Multikulti.[1]

Also verzichteten wir 2006 wie 2008 vor der Nationalratskür auf das Wahlkampfthema der langfristig wichtigsten Aufgabenstellung: Unser Kernproblem ist Überalterung. Der vergeblich geleugnete Pflegenotstand hätte eine Grundsatzdiskussion auslösen müssen, die letztlich nur in nationalen Konsens münden kann: Österreich ist ein Zuwanderungsland – mit aktiver Einwanderungspolitik.

Diese Feststellung kann sich heute aber einzig eine Partei leisten, die bloß Zielgruppen bedient. Wahlen werden mit Fremdenfreundlichkeit verloren. Der Grund dafür liegt in anhaltender Thematisierungsscheu der Politik. Ihre Perspektiven gehen kaum über Funktionsperioden hinaus. Ansonsten müssten wir infolge permanenter Informationskampagnen längst unsere Vorbehalte überdenken.

Bis 2050 sinkt die Zahl der unter 15-jährigen Österreicher von 16 auf 12 Prozent: Jene der über 60-Jährigen steigt von 22 auf 36 Prozent. Diese Berechnungen der Statistik Austria gehen aber schon vom Anwachsen der Gesamtbevölkerung bis 2025 aus – was wir mit der Fertilitätsrate von 1,4 aus eigener Kraft ohnehin nicht schaffen (Italien hat bei gleich bleibender Entwicklung 2100 nur noch zehn Millionen Einwohner, schreibt Frank Schirrmacher im Methusalem-Komplott).

Der Zusammenhang mit 9/11 ist offensichtlich: In der islamischen Heimat der Attentäter und ihrer Epigonen liegt die Quote der unter 15-Jährigen durchwegs über 40 Prozent, jene der über 65-Jährigen unter fünf Prozent.

Bevölkerungsentwicklung ist das deutlichste Merkmal für Zukunftsfähigkeit. In Fischers Weltalmanach logiert Österreich praktischerweise zwischen Oman und Pakistan. Der Kontrast zu diesen Nachbarn zeigt, wohin wir steuern, falls wir nicht radikal umdenken – in jenen Untergang, für den der Ground Zero als Bild und Zahl steht.

Multikulti ist keine Ansichtssache, sondern eine Überlebensfrage. Die Ablöse unserer Mono-Zivilisation durch eine solche Ko-Existenz kommt ohnehin. Am besten verkraften werden das jene Gesellschaften, die diese Entwicklung aktiv betreiben. Denn sie haben – noch – die Wahl.

Doch in Österreich sieht Generationspolitik anders aus: Karl Blecha fordert. Andreas Khol unterstützt. Zwei Stimmen aus dem politischen Ausgedinge – und dann auch noch unoriginell. Denn Pensionistenverband und Seniorenbund wünschen, was alle Interessensgruppen wollen – mehr. Vorzugsweise Geld.

Hinter dem vordergründig banalen Ansinnen der roten und schwarzen Rentnerbanden verbirgt sich eine politische Zeitbombe. Blecha und Khol zählen nicht mehr zur ersten Reihe ihrer Parteien, sie sind jetzt aber die Spitzenfunktionäre der wahren Macht im Staat. Schon die 380.000 bzw. 300.000 Mitglieder ihrer Verbände wirken beeindruckend. Sie stehen für 1,8 Millionen Ruheständler. Das entspricht der Zahl jener über 60-Jährigen, die fast 30 Prozent der Wahlberechtigten stellen.

Die „Alten" stellen den Jugendkult machtvoll infrage. Die meistumworbene Zielgruppe der 14- bis 49-Jährigen ist schwächer, als ihre mediale Dominanz vermuten lässt. Ihr Rückgang verläuft so dynamisch, dass Wählen ab 16 eine Neuorientierung nur kurz aufhalten kann.

Durch das neue Stimmrecht kommen kaum 200.000 Jugendliche zusätzlich auf den Markt der Parteilichkeit. Laut Statistik Austria gleichen die Senioren schon 2014 diese künstliche gesellschaftspolitische Machtregulierung wieder aus – mit zwei Millionen über 60-Jährigen. 2050 schließlich hat Österreich 9,5 Millionen Einwohner. Der Zuwachs entfällt ausschließlich auf die dann drei Millionen Angehörigen der Generation 60+.

Die Politik gerät dadurch in eine Zwickmühle: Um gewählt zu werden, muss sie immer mehr jenen folgen, die noch durch unseren Generationenvertrag finanziert werden. Das erfordert zunehmend Entscheidungen gegen jene, die schon unseren Generationenvertrag finanzieren.

Blecha ist 75, Khol 67. Faymann ist 48, Pröll 40. Das Quartett repräsentiert jenen Konflikt, der die größte Zerreißprobe unserer Gesellschaft wird. Mehr noch als der *Clash of Civilizations* wird es der Kampf der Generationen. National und global: Die UNO prophezeit soeben eine Verdreifachung auf zwei Milliarden über 60-Jährige bis 2050.

Alle, die bisher wählen dürfen, gehören dazu.

Österreich ist ein Zuwanderungsland. Wogegen sich manche Partei sogar als Vision wehrt, das benötigt nicht einmal die Prognose als Realitätsverweis. Jeder Achte, der zwischen Neusiedler- und Bodensee lebt, ist Ausländer.

Das regelmäßige Aufsehen um die Bevölkerungsvorhersagen der Statistik Austria entsteht aus Selbstbetrug. Die seit Dekaden niedrige Fertilitätsrate – 140 bis 150 Kinder pro 100 Frauen – zeigt, dass Österreichs Bevölkerung nur durch Zuwanderung wachsen kann. Bei einem Aufnahmestopp gäbe es 2050 statt vorhergesagter 9,5 nur noch 7,3 Millionen Einwohner.

Ein Reflex auf diesen Hinweis ist die Frage: wozu mehr Menschen? Die Antwort liefert wieder neben der vorhergesagten die bisherige Entwicklung. Unsere Lebenserwartung steigt. 2030 wird statt eines Fünftels ein Drittel über 60 sein. Dafür fällige Pensionen gilt es ebenso zu erarbeiten wie Pflegepersonal zu stellen.

Das funktioniert am besten, wo am meisten Zuwanderer sind: Ausgerechnet das klischeehaft immer noch überalterte Wien ist bald wieder Zwei-Millionen-Stadt und jüngstes Bundesland. Kärnten hingegen, das nicht nur mit Beach-Volley und Iron Man imagemäßig dem Jugendkult frönt, schrumpft aufgrund der Fertilitätsrate von 135 und mangelnden Zuzugs.

Trotzdem lässt sich mit Fremdenfeindlichkeit weiterhin prächtig politisches Kleingeld verdienen. Das liegt auch daran, dass Parteiperspektiven nur bis zur nächsten Wahl reichen und die meisten Mandatare sich 2050 nicht mehr unter den Lebenden glauben.

Deshalb muss jede Lüge über das vermeintliche Nicht-Zuwanderungsland rasch entlarvt werden – und jeglicher Schwindel über eine angeblich nicht dringend notwendige Pensionsreform. Das Zuwanderungsland Österreich benötigt eine Pensionsreform. Wer diese Wahrheit als unzumutbar empfindet, fördert gesellschaftspolitischen Selbstmord auf Raten. Dies ist das größte Versäumnis jener letzten Großen Koalition, die diesen Namen aufgrund einer Zwei-Drittel-Mehrheit noch verdient hat.

Die Politik agiert im Teufelskreis. Ihre wichtigsten Aufgaben sind oft kompliziert oder unpopulär. Wer gewählt werden will, schwenkt allzu leicht um auf volkstümliche, aber nebensächliche Inhalte.

Das Scheitern der Regierung Gusenbauer/Molterer erklärt sich weniger aus ihrem Ende als aus ihrem Anfang: Dem Projekt GroKo 07 fehlte vom Start weg die positive Begründung. Hinter dem kleinkrämerischen Hickhack der Koalitionsbildung verbarg sich bloß das Fehlen des großen gemeinsamen Ziels.

Die Eurofighter entscheiden die Zukunft Österreichs so wenig wie die Studiengebühren. In diesen Metaphern verbergen sich zwar mit Sicherheit und Bildung wirklich große Themen, doch diese sind in ihrer Komplexität unvermittelbar. Wählen mit 16 (SP) ist für die Demokratie ebenso pure Kosmetik wie die Briefwahl (VP). Beides hat aber den Vorteil, schon durch ein bis drei Worte selbsterklärend zu sein.

Die Bundesstaats- bzw. Verwaltungsreform, die dann als Masterplan des Regierungsversuchs herhalten musste, hat zwar durchaus die notwendige Bedeutungsschwere, um jene nationale Kraftanstrengung – die beste Ausrede für eine große Koalition – zu tragen. Doch spätestens seit dem Österreich-Konvent wissen wir: Dieses Thema ist unvermittelbar.

## Von „Bonzentum" und Koalitionskriegen

Regierungskoalitionen sind eine kaputte Marke. In der Wirtschaft spricht man von einem kapitalen Markenschaden, wenn das Image eines Produkts so nachhaltig beschädigt ist, dass es niemand kaufen will. Das Vorurteil, es würde sich um nutzlosen oder gar gefährlichen Schrott handeln, ist so verfestigt, dass den Herstellern gar keine Chance für den Versuch eines Qualitätsbeweises eingeräumt wird. Koalitionsregierungen sind unabhängig von den ihnen angehörenden Parteien in die Kategorie der nach Volksmeinung stets leistungsschwachen bzw. schädlichen Ladenhüter einzuordnen.

Das bewies etwa die Tiroler Landtagswahl im Juni 2008. Alle nachher denkbaren Koalitionsformen hatten kapitale Imageschwächen. Letztlich haben ÖVP und SPÖ ihre Zusammenarbeit fortgesetzt, und es war ein Wechselspiel der Verlierer. Niemals zuvor haben in einer österreichischen Wahl Regierungsparteien in Summe zwanzig Prozentpunkte eingebüßt. Nachdem es geschehen war, wurde prompt weiterkoaliert. Genauso ist rechnerisch dasselbe in Rot-schwarz nach der Nationalratswahl im September eine Verliererhochzeit. In der Steiermark stehen für die Landtagswahl gleichfalls in Summe Verluste der SPÖ-/ÖVP-Regierung fast außer Streit.

Mit der FPÖ würde freilich jedwede Koalition einen Wahlkampf salonfähig machen, der nach dem Grazer Anti-Islamismus in Tirol sexistische Ausritte enthielt. Auf Ebene der Nationalratswahl verkündete der Spitzenkandidat vor laufenden Kameras einer verblüfften Dame, dass sie als deutsch-blonde Frau mindestens drei Kinder zu bekommen hätte, um nicht von den Türkinnen überholt zu werden. Die FPÖ könnte umgekehrt auf tirolerisch von der schwarz-schwarzen Mogelpackung fortsetzen, falls ÖVP-Granden und der 1964 (!) erstmals in ein Parteiamt ernannte und fast ein halbes Jahrhundert dort verbleibende Rebell Fritz Dinkhauser irgendwann wieder ein Herz und eine Seele sind.

Dreiervarianten von SPÖ oder ÖVP, Grünen und FPÖ bzw. BZÖ sind überall in Österreich unrealistisch, weil grün und blau inkompatibel sind. Vom blau-orangen Theater ganz zu schweigen. Somit befinden sich alle Koalitionen in schlechter Startposition. Während des Nationalratswahlkampfs 2008 gab es sogar die paradoxe Situation, dass alle rechnerisch spekulativ irgendwie denkbaren Koalitionsvarianten abgefragt wurden – und keine Variante mehr als 15 Prozent Zustimmung fand, obwohl sie sich ja auf rund 50 Prozent der Wählerstimmen stützen müsste. Erst durch die Finanzmarktkrise nach der Wahl wurde die Große Koalition trotz Stimmenverlusten ihrer Proponenten etwas beliebter.

Wer einer Koalition nicht angehört, wird zum Sieger. Das führt zu eigentümlichen Konstellationen: SPÖ-Sorgenfalten in allen Ländern könnten/hätten sich in ein breites Grinsen verwandelt, wenn auf Bundesebene als neue Regierung das schwarz-blaue Schreckgespenst den angeblich unsozialen oder menschenfeindlichen Wunschgegner abgibt. Im Gegenzug wären es gute Nachrichten für ÖVP-Landesparteien, gegen vermeintlich unfähige rot-grüne Unsicherheits-Minister ins Feld ziehen zu können.

Der Grund ist eine extreme Regierungsverdrossenheit. Mit verlockenden Aussichten für Parteistrategen. Der Haken an derartigen Pervertierungen der politischen Kommunikation ist, dass in Demokratien jenseits der Parteifarben tiefer Abscheu gegen die Regierenden ein Grundsatzproblem darstellt.

So wie die stetig sinkenden Vertrauenswerte in Spitzenrepräsentanten gleich welcher Partei. Außer sie entziehen sich der tagespolitischen Debatte und behalten so scheinbar eine reine Weste im schmutzigen Geschäft der Politik. Dies wird von einem Bundespräsidenten erwartet und ist bei einer Außenministerin tolerabel. Anderen Mitgliedern der Bundesregierung würde ein derartiges Verhalten wohl als grobe Arbeitsverweigerung ausgelegt. Vorsitzende von Oppositionsparteien haben dann die höchsten Sympathiewerte, wenn sie die niedrigsten Nennungen in den Medien erfahren. Wer nichts sagt, sagt zumindest nichts Falsches. Ein Erfolgsrezept, wie es scheint.

Warum aber sind Politiker derart unbeliebt im Volk, gleichauf mit Autoverkäufern, Immobilienmaklern und Journalisten? Gehen sie ihrem Geschäft nach, das heißt verhandeln und paktieren sie, so geschieht dies oft hinter verschlossenen Türen. Die Journalisten pochen auf ihr Recht nach Öffentlichkeit und mehr noch auf ihr Recht auf Exklusivität. Durch den Zwang aus einem Verhandlungsprozess mit oft nur provisorischem Ergebnis Stoff für gleich mehrere Spitzenmeldungen für verschiedene Medien zu produzieren, entsteht bei der Leserin oder beim Zuseher der Eindruck der Unentschlossenheit und Ziellosigkeit. Auch ein Amtsinhaberbonus scheint nichts mehr zu gelten. Weder van Staa als amtierender Tiroler Landeshauptmann konnte punkten, noch wurden die fehlenden Auftritte des amtierenden Bundeskanzlers im letzten Nationalratswahlkampf ursächlich für Stimmenverluste gesehen.

Die beliebtesten Berufsträger sind übrigens Feuerwehrmänner und Krankenschwestern. Diese rangieren im Lohngefälle ganz unten. Nicht so die Politiker. Ihnen wird ein überdurchschnittliches Gehalt gezahlt – im Vergleich zum Einkommen der meisten österreichischen Haushalte.

Diese Einkommen und auch jene von politiknahen Branchen, wie in den gesetzlichen Interessensvertretungen, sprich Kammern, haben gerade in den 1990er Jahren den Aufstieg von Jörg Haider eingeleitet. Vielen ist das erste Taferl Haiders im TV-Duell gegen den damaligen Bundeskanzler Franz Vranitzky in Erinnerung geblieben, auf dem der skandalös hohe Ruhebezug eines Arbeiterkammerpräsidenten aufgelistet war. Die folgende öffentliche Diskussion beschädigte vor allem die SPÖ nachhaltig, aber auch die Kaste der Politiker, die Haider so gerne als Bonzen brandmarkte.

Was folgte waren ein Politikerbezüge-Gesetz und eine freiwillige Beschränkung der Einkommen aller FPÖ-Funktionäre. Beide Regelungen boten zahlreiche Schlupflöcher, die auch rege genutzt wurden. Zuletzt stieß Gusenbauer mit seiner Forderung nach Offenlegung aller Einkünfte der Nationalräte gerade bei seinen eigenen Funktionären auf taube Ohren.

Als skandalös wurden die Politikerbezüge aber nicht nur wegen ihrer Höhe empfunden. Vielmehr ist die erbrachte Gegenleistung nur für die wenigsten Mitmenschen im Land wirklich klar ersichtlich. Was arbeitet ein Politiker eigentlich den ganzen Tag? Auf dem Bildschirm zuhause erscheint er allzu oft mit einem Sektglas in der Hand, vor üppigen Buffets, aus einem prachtvollen Dienstwagen winkend. Plenarsäle mit (scheinbar) streitenden Rednern vor müde wirkenden Zusehern erhöhen ebenso nicht das Vertrauen in die Politik.

Die Arbeit hinter den Kulissen – in Ausschüssen, Landesgruppen oder auch bei zahlreichen Terminen mit Bürgern – wird medial kaum verbreitet. Zu wenig attraktiv für Bilder, zumeist auch zu wenig spektakulär für Pressemitteilungen, werden dort Gesetze vorbereitet, zukünftige Strategien beraten oder auch Kontakte zur Basis geknüpft. Zusehende Medien sind dabei meist unerwünscht.

Für einen erfolgreichen Politiker ist auch überdurchschnittliche Vernetzungsfähigkeit ausschlaggebend. Viele Wählerstimmen zu gewinnen, heißt bei möglichst vielen Gelegenheiten aufzutreten, bei möglichst vielen Vereinen zu sein. Interessen erfolgreich durchzusetzen heißt, bei vielen Entscheidungen mit am Tisch zu sitzen und mitzureden, in einer Vielzahl von Funktionen und Rollen.

Diese multiplen Persönlichkeiten werden von der Bevölkerung oft als Sesselkleber mit Hang zum Postenschacher wahrgenommen. Sie selbst sehen sich als Verantwortungsträger der Sonderklasse – die sprachliche Analogie zum privilegierten Spitalsaufenthalt wirkt in jeder Hinsicht treffend.

**Internet – eine neue Kommunikationsmethode für Politiker?**
Barack Obama hat es vorgeführt. Nicht nur, dass ein Vertreter einer Minderheit im Land der unbegrenzten Möglichkeiten bis in die höchsten politischen Ämter vordringen kann, sondern auch wie dies gelingt.

Ein Schlüsselfaktor war die Jugend, ein anderer die optimale Nutzung aller Wahlkampfkanäle. Dazu gehören nicht nur bezahlte 30-minütige TV-Werbespots, sondern auch die Entstehung einer virtuellen Gesinnungsfamilie. Täglich auf Du und Du angesprochen wurden Sympathisanten vom Spitzenkandidaten persönlich oder von ihm nahe stehenden Personen, bis hin zu seiner Ehefrau Michelle. Noch bevor Obama in Chicago die Bühne für seine Siegesrede erklomm, setzte er sich hin und tippte einen Eintrag in „MySpace". Er endete mit: „Danke. Euer Barack." Manchen wird diese persönliche Betreuung nach der gewonnenen Wahl fehlen, denn fast scheint es, er hat eine Familie im Social Network verloren.

Heute ist es nicht mehr nachvollziehbar, welche Strategie den Sieg brachte: Der Fünf-Millionen-Dollar-Spot zur Prime Time auf den großen TV-Networks oder das brillante Buhlen im World Wide Web um jeden einzelnen Wähler. Wahrscheinlich war es die Summe aller Wahlkampfmaßnahmen, aber es zeigte sich auch, dass das Netz für die politische Kommunikation keine vernachlässigbare Größe mehr ist. Stetig klettert es bei den wichtigsten primären Informationsquellen Platz für Platz nach oben. Online first.

Österreich ist (noch) anders: Bezahlte Wahlwerbung auf den wichtigsten Kanälen – gleich wie lange oder teuer – ist gesetzlich nicht möglich. Die Kommunikation via E-Mail und Chatrooms oder im Web 2.0 scheitert am Fehlen einer für den Wahlausgang relevanten Zielgruppe. Junge Menschen mögen in den USA eine Wahl entscheiden, in Österreich können sie dies definitiv nicht. Im Jahr 2007 standen einander 1.784.267 unter 20-Jährige und 1.849.424 über 60-Jährige gegenüber. Wobei bei den einen die Tendenz nach unten zeigte und bei den anderen die Gruppe stetig anwuchs. Das größte Wählerpotenzial bilden hierzulande die Pensionisten und sie werden immer mehr im Verhältnis zu den jungen Wahlberechtigten. Die Wahlaltersenkung auf 16 Jahre konnte daran nichts ändern. Menschen über 60 haben den größten Einfluss auf den Ausgang der Wahl, aber den geringsten Zugang zu Internet.

Laut Media-Analyse befinden sich wöchentlich schon fast 60 Prozent der österreichischen Bevölkerung über 14 Jahre online. In ganzen Zahlen bedeutet dies, dass 2007/2008 3,862.000 Österreicher mindestens einmal in der Woche das Internet in der einen oder anderen Form nutzten. Dabei lässt sich eine Internet-Elite ausweisen, die hauptsächlich aus jungen, urbanen, meist männlichen Menschen mit höherem Einkommen und höherer Bildung besteht. Die Super-User sind 87 Prozent aller in Ausbildung Befindlichen, sprich hauptsächlich Schüler und Studenten, und beinahe 84 Prozent der Jugendlichen zwischen 14 und 19 Jahren. Höhere Bildungsabschlüsse und mehr Einkommen erhöhen auch die Netzpräsenz. So nützen 78 Prozent aller Maturanten und über 82 Prozent aller Uni-absolventen die Möglichkeiten der Neuen Medien. Über 70 Prozent der besser verdienenden Bevölkerungsschicht besitzt einen Online-Zugang, nur etwas höher sind die Werte für 20- bis 29-Jährige (71 Prozent), unter 40-Jährige ohne Kind (72 Prozent) sowie Angehörige der Sozialschicht A/B[2] (72 Prozent). Allerdings ist es dem Internet in den letzten Jahren gelungen, die Nutzung in allen Bevölkerungsgruppen zu steigern, sodass sich der *digital divide* immer mehr abschwächt. Eine Ausnahme stellt lediglich die Altersgruppe ab 70 Jahren dar.

Ältere Personen sind somit die Hauptgruppe der Internet-Loser. Nur rund 24 Prozent der Personen über 60 Jahre surfen regelmäßig und nur jeder 20. über-70-Jährige. Bei den Landwirten und Arbeitern findet jedoch bereits jeder vierte den Weg ins Netz und bei den Pflichtschulabgängern ist es immerhin schon ein Drittel.

Pensionistenbriefe, schwiegersohntaugliches Lächeln von Großplakaten und Plünderung des Staatsbudgets zugunsten der Pensionen bleiben aber dennoch vorerst die geeigneteren Waffen um den Wahlsieg als Bits und Bytes. Demzufolge bleibt der Wahlkampf im virtuellen Raum ein Nischenprogramm.

Internet und seine Möglichkeiten haben aber trotzdem das Kommunikationsverhalten der Österreicher und auch seiner Politiker revolutioniert, wenn auch noch nicht im Wahlkampf.

So wie vor 100 Jahren das Telefon und vor 50 Jahren das Fernsehgerät unsere Gesprächs- und Freizeitkultur verändert haben, erfuhr zur Jahrtausendwende das Internet innerhalb weniger Jahre eine unvergleichbare Extensivierung in den westlichen Demokratien. Aus den neuen Perspektiven durch das Netz entstanden auch Hoffnungen und Utopien, wie eine verstärkte Demokratisierung durch verbesserte Information und Partizipation der Bürger.

Das Internet selbst bietet eine Vielzahl von Kommunikationsmöglichkeiten. So ermöglicht es personale Kontakte zwischen Politiker und Wähler zum Beispiel mit E-Mails oder in Chatrooms. Für die Verbreitung von Botschaften an ein größeres Publikum eignet sich das WWW deutlich besser und effizienter. Einen entscheidenden Unterschied macht aber die Absicht dahinter aus: So kann die Kommunikation auf der persönlichen Begegnungsebene stattfinden, etwa durch E-Mails oder Chats zwischen Gleichgesinnten und Gleichgestellten. Ebenso eine Möglichkeit ist das Versammeln einer unterstützenden Gruppe in Newsgroups oder das Beliefern einer nicht näher bestimmten Menge an Bürgern mit Informationen. Diese massenmediale Ebene ist allerdings nur mit Einschränkungen eine allumfassend massenmediale, da die Nutzung des Netzes sehr individuell erfolgt. Selbst gewiefte politische Profis finden keine fixe größere Ansammlung eines Publikums im Netz. Zunehmend weniger finden sie es aber auch bei anderen Medien, da sich der Trend zur Individualisierung in der Gesellschaft in der Formung von immer mehr Teilöffentlichkeiten zeigt. Anders als bei der Samstagabend-Show um 20.15 Uhr früher, gibt es heute keinen Familienversammlungsort mehr in den Medien, auch nicht im virtuellen Raum.

Politische Folgen von Kommunikation können erst ab der Versammlungsebene entstehen. Das alle verbindende Thema aufgrund gemeinsamen Medienkonsums wird aber immer rarer. Somit wird der Aufwand für die Parteien ein größerer: Informationen und Daten dienen als Grundlage für eine effektive glaubwürdige Ansprache von Wählern und Zielgruppen. Streuverluste, wie sie bei Plakaten und Inseraten großzügig in Kauf genommen werden, müssen im Netz vermieden werden.

Für die politischen Eliten ist Internet ebenso ein selbstverständlicher Teil ihres Arbeitsalltags geworden. Die Segnungen der Technik nützen aber wie es scheint mehr der Professionalisierung des Parteiapparates als der Auseinandersetzung mit den Bürgern und somit der Demokratie im ursprünglichen Sinne. Der Informationsfluss fließt weit schneller von den politischen Akteuren zu den Bürgern. Nur ein dünnes Rinnsal findet den Weg gegen diesen Strom. Die Politik scheint sich trotz der technisch gegebenen Möglichkeiten einer direkten Bürgerumfrage im Netz lieber auf die Zahlen der Meinungsforschung zu verlassen. Digital Gap heißt die Warnung, die vor einer ungeschönten interaktiven Auseinandersetzung mit den Bürgern schützen soll. Dahinter steht nur zum Teil mangelnde Repräsentanz im Netz oder mangelnde Zeitkapazität der Politiker: So sind Formen der *one to one*-Kommunikation für die politische Kommunikation tatsächlich zu aufwendig. Persönlicher Kontakt beispielsweise in einem Gespräch auf der Straße wäre demgegenüber vorzuziehen. Bei den *many to many*-Gesprächsmöglichkeiten hingegen liegt das Potenzial zur Demokratisierung. Nur die Neuen Medien können die Kommunikation von vielen Personen auf gleicher Ebene – zu unterschiedlichen Zeiten, an unterschiedlichen Orten – realisieren. Wer aber verlässt gerne seine privilegierte Position und beweist seine Autorität statt mit Funktion mit (Sach-)Argumenten?

Das Internet unterscheidet sich von anderen traditionellen Medien in vielerlei Hinsicht. Ein herausragendes Merkmal ist die Globalität. Informationen sind jederzeit und überall verfügbar. Kein anderes Massenmedium kann so schnell reagieren und auf so viele Quellen zurückgreifen. Das Internet kennt weder Sendetermin noch Redaktionsschluss. Durch die unerschöpfliche Speicherkapazität wird die Veröffentlichung von Datenbanken erst möglich. Allerdings nehmen die Probleme mit der Navigation immer mehr zu. In der stetig ansteigenden Informationsflut droht die Information unterzugehen, bei Wählern und

Politikern. Die Rollen von Sendern und Empfängern werden andererseits flexibel, selektive Angebote und Nachfragen möglich. Es gibt keine Gate-Keeper wie die Medien, die den Informationsfluss steuern oder überwachen. Dadurch entsteht direkte und unverzerrte Kommunikation, die allerdings auch zur Verbreitung illegaler Inhalte genützt werden kann. Jeder Nutzer bestimmt selbst seine Rolle, die Intensität und Art der Nutzung und über die Kommunikationspartner. Eigenverantwortlich.

Ein individueller E-Mail-Kontakt eignet sich aber nicht für die Verbreitung allgemeiner Themen in einer Öffentlichkeit. Dafür ist die Kommunikation zu aufwendig. Abgeordnete verbringen jetzt schon viel Zeit vor dem PC statt auf der Straße oder bei Veranstaltungen. Sie müssten es den ganzen Tag tun, wollten sie jede E-Mail persönlich beantworten. Eine Erhöhung des Vertrauens in die Politik durch direkten, persönlichen Kontakt mit den Bürgern wäre wahrscheinlich dennoch nicht messbar.

Die Bedeutung des Internets für die politische Kommunikation steigt dennoch, da der Zugang zu anderen Medien limitiert ist – etwa durch die dominante Stellung des ORF bei sinkenden Quoten.

Vor allem aber nutzen die Parteien das Internet zur Professionalisierung ihrer Wahlkampftruppe. Die Parteien sind effizienter geworden in der schnellen Ausgabe von Sprachregelungen an ihre Funktionäre vor Ort. Die Vernetzung erfolgt vor allem intern und mit nahestehenden und beratenden Experten.

Andererseits haben die Parteien selbst kaum Interesse, ihre Abgeordneten im geschickten Umgang mit dem Netz zu schulen. Bietet doch das Internet Vorteile, die der Emanzipation einzelner politischer Begabungen von ihren Parteiapparaten durchaus fördern könnten. Die Macht der Basis über die Besetzung der Listen und anderer Posten endet heute selbst beim erweiterten Bundesvorstand der Grünen.

Beim Blick über die Landesgrenzen werden die Potenziale dieses unbegrenzten Mediums dennoch sichtbar. In Italien befindet sich nahezu ausschließlich die gesamte öffentliche Meinungsäußerung unter der Patronage des nun schon längst dienenden Ministerpräsidenten. Öffentlich-rechtliches TV und Privatstationen ebenso wie die größten Zeitungen des Landes. Abweichende Meinungen werden nicht mehr gedruckt, missliebige Personen verschwinden von den Bildschirmen und mit ihnen kritische Sichtweisen und Themen. Ein gallisches Dorf bildet nur mehr das Internet. Und so kommt es, dass politische Blogs zu den meistgelesenen der Welt werden oder die Mobilisierung von 10.000 von Menschen zu Protestaktionen gegen die Regierung ohne Zutun der traditionellen Medienkanäle gelingt.

Was allerdings nicht gelingt, weder dies- noch jenseits des Brenners, ist die Ansprache von politikfernen Bevölkerungsschichten. Wer in der Zeitung nicht mehr seine Meinung vertreten sieht, liest im Internet. Wer aber nie Zeitung gelesen hat, tut dies auch nicht im Internet. Die Hoffnung auf eine Wiederbelebung der Demokratie durch ein offenes, für jeden und alles zugängliches Forum hat sich selbst bei den größten Optimisten in Luft aufgelöst. Die Bereitschaft zur Partizipation, zur Beteiligung am politischen Prozess wird weiterhin durch soziokulturelle Faktoren bestimmt, durch Einkommen, Bildung und Familie.

Dementsprechend hat Barack Obama zwar nicht wegen des Internets gewonnen, aber ohne dieses Instrument hätte er es wohl nicht geschafft: Michael Silberman, ein Pionier des Online-Fundraisings, glaubt an die rasant wachsende zentrale Bedeutung des Netzes, das mehr als ein Medium ist. Anders als viele seiner bloß technikverliebten Kollegen vermag er auch einen gesellschaftspolitischen Überbau für seine Thesen zu liefern.

Der Hauptgrund für die explodierende Web-Bedeutung im Wahlkampf ist die steigende Skepsis gegenüber klassischen Institutionen, Marken, Parteien ... Im Gegensatz dazu vertrauten noch 2003 lediglich 20 Prozent der Amis „einer Person, die ist wie ich", 2006 waren es schon 68 Prozent. Eine Folge der Kommunikation via Internet, die alte Absender-Empfänger-Hierarchien auflöst.

Die daraus entwickelten *people-powered politics* verhalfen bereits 2004 Howard Dean zu einem Überraschungserfolg und waren nun (mit)entscheidend für den Sieg Barack Obamas.

Die Umsetzbarkeit solcher Kampagnen auf Österreich wird meistens mit dem Hinweis auf andere Parteienfinanzierung, anderes Mediennutzungsverhalten und andere Wahlkampfführung bezweifelt. Zentraler jedoch erscheint die Frage nach der wirklichen Zugkraft des Spitzenkandidaten.

Im ersten Dutzend der österreichischen Internet-Jahre sind jene Politiker, die es aufgrund ihrer Strahlkraft nutzen hätten können, offenbar gut ohne Online-Strategie ausgekommen. Das führt zu einer grundsätzlichen Unterschätzung dieses Kanals. Er öffnet die Politik wieder für Zugänge ohne den klassischen Apparat, stärkt die Person gegenüber der Partei.

Das amerikanische Beispiel zeigt die Zukunft des Online-Potenzials: Barack Obama hat nicht wegen der Demokraten gewonnen. Er hätte es aber auch nicht ohne sie geschafft. Noch nicht.

## Anmerkung

1 Manche Passagen dieses Gemeinschaftstextes sind bereits früher in Kolumnen der AutorInnen für die Kleine Zeitung, die Salzburger Nachrichten, die Oberösterreichischen Nachrichten und die Tiroler Tageszeitung erschienen.
2 Die Zugehörigkeit zu einer Sozialschicht wird ermittelt durch eine Kombination der Faktoren Haushaltsnettoeinkommen, Berufsmilieu und Schulbildung.

# 5. Brennpunkt Integration

Gratwanderung Verösterreicherung

Die Zuwanderung nach Österreich ist unverändert hoch. In den Jahren 2004 und 2005 erreichte sie mit einem Saldo – also Zuwanderung minus Abwanderung – von jeweils rund 50.000 Menschen einen Höhepunkt, im Jahr 2006 sank der Saldo mit 27.477 auf nahezu die Hälfte. Im Saldo ist auch die übrigens kontinuierlich sinkende Zahl von abwandernden Österreichern berücksichtigt.[1] Österreich hat unterdessen den höchsten Ausländeranteil in der EU, nämlich rund zehn Prozent, der Anteil von Menschen „mit Migrationshintergrund" beträgt knapp 16 Prozent. Seit der Einwanderung von Gastarbeitern in den sechziger und siebziger Jahren, die damals vor allem aus der Türkei kamen, hat sich die Herkunft der Zuwanderer durch Österreichs Beitritt zur Europäischen Gemeinschaft und durch die EU-Osterweiterung 2005 und 2008 markant geändert. Die größte Gruppe von Ausländern stellen neuerdings die Deutschen, gefolgt von Angehörigen der jugoslawischen Nachfolgestaaten und der Türkei.

Entgegen einer weitverbreiteten Annahme und einer daraus folgenden politischen Agitation, ist die Zuwanderung nur in begrenztem Ausmaß durch Österreich zu steuern. Zuzüge aus EU-Ländern und über Familienzusammenführung entziehen sich österreichischem Zugriff.

Beteuerungen von Politikern aller Parteien, Zuwanderung dürfe nicht „passieren", sondern müsse „gesteuert" werden, muten daher eher wie Beschwörungen an, die mit der Realität wenig zu tun haben. Angesichts der Zahlen ist es auch müßig, darüber zu debattieren, ob Österreich ein Einwanderungs- oder lediglich ein Zuwanderungsland ist. Nach dieser Terminologie wäre Einwanderung ein gesteuerter Prozess, Zuwanderung hingegen ein erlittener Vorgang. Die Wortprägung „erlittene Zuwanderung" stammt übrigens nicht von einem Politiker der Rechten, sondern von der französischen Sozialistin und ehemaligen Präsidentschaftskandidatin Ségolène Royal.

**Sesam öffne dich**
Bei der Zuwanderung huldigen alle Parteien ganz unverblümt einem „sacro egoismo". Die Grünen, die in diesen Fragen immer mit einem hohen moralischen Anspruch auftreten, wollen zwar niemanden von der Einwanderung nach Österreich „ausgrenzen", sie waren aber die ersten, die den Gedanken eines Punktesystems nach australischem, vor allem aber kanadischem Modell aufbrachten. Unterdessen sind auch die anderen Parteien der Idee gefolgt.

Niemand hat es jedoch bisher gewagt, offen den Katalog der Erfordernisse taxativ zu nennen, die das „Sesam öffne dich" für Österreich sein sollen. Jedenfalls laufen alle solchen Programme darauf hinaus, dass wir die Jungen, Gesunden, gut Ausgebildeten, Unternehmungslustigen, Zeugungsfähigen und -bereiten aus den armen Ländern zu uns zu holen. Die anderen, die diese Kriterien nicht erfüllen, sollen draußen bleiben – es sei denn, sie geben sich als Asylwerber aus. Man kann fragen, wie das mit dem hehren internationalistischen Denken und der immer beschworenen Rücksicht auf die Dritte Welt vereinbar ist.

„Zuwanderung ist kein Recht, sondern ein Privileg", steht wie als Fanfarenstoß des nationalen Interesses am Beginn einer programmatischen Erklärung der SPÖ zur Ausländerpolitik aus dem Wahljahr 2006. Das Dokument ist kaum öffentlich zur Kenntnis genommen und so intensiv diskutiert worden, wie es verdient hätte. Es heißt darin: „Zuwanderung muss den österreichischen Interessen dienen." So direkt hat man es noch nie gehört: Nicht um die Mühseligen und Beladenen irgendwo auf der Welt geht es, sondern um unsere österreichischen Bedürfnisse. „Wir wollen uns die Leute aussuchen, die wir zu uns lassen", gehört heute wie selbstverständlich zum Credo aller Parteien.

Das Pech ist nur, dass das alle westlichen Industrieländer wollen, da sie alle dasselbe Problem haben: Niedrige Geburtenraten unter der autochthonen Bevölkerung, demzufolge rasch alternde Gesellschaften und in absehbarer Zeit einen dramatischen Arbeitskräftemangel. Die momentane krisenbedingte Arbeitslosigkeit ändert daran nichts. Alle wünschen sich deshalb die jungen, studierten IT- und sonstigen Experten aus Osteuropa oder weiter weg, aus Indien. Diese gehen aber lieber gleich in die USA, nach Großbritannien, Kanada, Taiwan oder China, weil sie dort meist günstigere Arbeitsbedingungen vorfinden und eine englischsprachige Umwelt. Österreich war bei der Anwerbung solcher Kräfte besonders erfolglos. Aber auch im Wettlauf um vielleicht weniger gebildete, aber ebenso ambitionierte und fleißige Bürger aus den neuen EU-Ländern sind die kontinentaleuropäischen Staaten von Großbritannien abgehängt worden, während sie sich noch darüber den Kopf zerbrechen, ob die Karte für die dauernde Arbeitsbewilligung, die sie ausgeben möchten, nun blau oder gelb sein soll.

### Jenseits der Träume

Jenseits dieser Wunschträume von den hoch qualifizierten Zuwanderern schaut die Realität so aus: Ein Großteil der ausländischen Staatsangehörigen auch der zweiten und dritten Migrantengeneration hat nur Pflichtschulabschluss, und viele von ihnen leben in relativ homogenen „Parallelgesellschaften oder besser Subkulturen", wie der Sozialforscher und Politologe Peter A. Ulram festgestellt hat. Diese Existenzform vererbt sich häufig von Generation zu Generation. Und sie wird es auch in Zukunft, wenn nicht größere Anstrengungen als bisher zur Integration gemacht werden.

Aber was soll Integration überhaupt sein? Für den Korrespondenten der Neuen Zürcher Zeitung in Wien etwa darf es keineswegs den Zwang zur „Assimilation" bedeuten, während der Chefkolumnist einer Wiener Tageszeitung, der sich viel auf seinen liberalen Standpunkt zugutehält und mit seinem Kollegen von der NZZ sonst durchaus geistesverwandt ist, „sanften Assimilationsdruck" für gerechtfertigt, ja unerlässlich hält, um Integration zu erreichen.

Versuchen wir, uns dem Problem an einem Beispiel zu nähern: Es hat sich in der Ordination eines Facharztes im 20. Wiener Gemeindebezirk zugetragen. Eine junge Frau in einem langen weiten Mantel und mit geblümten Kopftuch – an der Hand hat sie einen vielleicht fünfjährigen Buben – schiebt über die Budel der Sprechstundenhilfe eine Zuweisung hin. „Aber die ist für den 24.; heute ist erst der 17.", sagt die Assistentin nach einem kurzen Blick auf das Papier. Die Frau antwortet nicht und schaut sie nur verständnislos an. „Sie sind eine Woche zu früh dran", versucht es die Assistentin noch einmal. Wieder keine Reaktion. Da merkt sie, dass eine sprachliche Verständigung nicht möglich ist, die Frau versteht kein Wort Deutsch.

Ein klarer Fall von Nicht-Integration, möchte man meinen. Oder doch nicht? In ihre Familie und die größere Verwandtschaft aus ihrer Heimat und in ihr türkisches Dorf im fünften oder fünfzehnten oder zwanzigsten Bezirk ist sie ja voll integriert. Dort kann sie sich verständigen, dort nimmt sie teil am Leben der Gemeinschaft. Sie sitzt mit anderen Frauen auf der Parkbank und am Kinderspielplatz, sie geht in türkische Geschäfte einkaufen. Auch mit einigen sozialen Systemen, wie etwa der medizinischen Versorgung, ist sie verbunden, und weiß sie zu nutzen. Eine freundliche Assistentin findet sich schon, die ihr einen Termin gibt, damit sie nicht in einer Woche wiederkommen muss. Schwieriger ist es schon in der Schule, aber auch dort findet sich ein Stützlehrer, der Türkisch spricht und ihr etwa eine Mitteilung der Klassenlehrerin zukommen lassen kann.

Und das größere Wien außerhalb ihres türkischen Ghettos, was hat sie damit zu tun? Nicht sehr viel. Aber wenn sie aus dem ominösen „anatolischen Dorf" kommt, ist ihr die Welt von Diyarbakir, Ankara oder Istanbul ebenso fremd wie das Wien außerhalb ihres Wohnviertels. Wie soll sie also überhaupt ahnen, dass man von ihr so etwas wie „Integration" verlangt? Aus dem türkischen Fernsehen, das sie ausschließlich sieht, wird sie es nicht erfahren, und auch ihr Mann dürfte nicht sehr daran interessiert sein, sie am Leben der Mehrheitsgesellschaft teilnehmen zu lassen, zumal er auch selbst wenig Bedürfnis dazu hat.

Österreich muss sich also klar werden, was Integration bedeuten soll. Das Minimalprogramm wäre, „dass einer seine Kinder zur Schule schickt und seine Steuern zahlt", wie es eine deutsche SPD-Abgeordnete türkischer Herkunft formulierte. Das würde darauf hinauslaufen, dass der Staat in ganzen Lebensbereichen abdankt und die Entstehung eigener Rechts- und politischer Räume zulässt, in denen Grundwerte seiner staatlichen Existenz als westlich-pluralistische Demokratie nicht gelten. Wenn dann etwa häuslich-familiäre Gewalt bis hin zum „Ehrenmord" von Strafrichtern als legitimer Ausdruck einer anderen Kultur betrachtet und entsprechend behandelt wird, ist das zwar gemeingefährlicher Schwachsinn, der aber leider in Deutschland schon gang und gäbe ist. Das wird nicht tolerabler, wenn auch der vom Staat bezahlte islamische Religionsunterricht zu diesen von westlichen Demokratie- und Menschenrechtsvorstellungen exempten Räumen gehört.

Vor allem von der Linken vertretene Konzeption, Anstrengungen zur Integration brauche es eigentlich nicht zu geben, weil sich die Frage innerhalb einiger Zeit von selbst erledigen werde, bzw. eine multikulturelle Welt ohnehin ein Faktum sei und sich nun eben auch in den westlichen Gesellschaften ganz natürlich ausbreite, ist durch die Erfahrung der letzten Jahrzehnte hinlänglich widerlegt worden. Die Probleme der Fremdheit von Angehörigen der zweiten und dritten Generation in der sie umgebenden Welt sind teilweise dramatisch geworden. Wenn dann ausländische Regierungschefs wie der türkische Ministerpräsident Erdogan in Deutschland auftreten und ihre ehemaligen Landsleute auffordern, sich ewig als fünfte Kolonne ihres Herkunftslandes zu betrachten, wird es staatsgefährlich und verantwortungslos.

Man wird also im Gegenteil das Maximalprogramm ansteuern müssen: Es heißt die Veröstereicherung der Zuwanderer, auch wenn das manchem an Herzmanovsky-Orlando oder Karl Kraus geschultem Österreicher geradezu als eine gefährliche Drohung erscheinen mag. Dass das nicht eine Zumutung oder unerfüllbares Wunschdenken ist, beweisen viele junge Angehörige der „dritten Generation", die oft gegen große Widerstände oder totales Unverständnis der eigenen Familie einen unerhörten Prozess der Bildung und Emanzipation geschafft haben. Diese jungen Leute sagen einem mit größter Selbstverständlichkeit, sie fühlten sich als Österreicher türkischer, nigerianischer, chinesischer, ägyptischer, pakistanischer usw. Herkunft.

Es gehört zur Selbstverständlichkeit einer solchen Konzeption von Integration, dass sie nicht die Aufgabe einer kulturellen oder religiöse Identität verlangt, es vielmehr dem Einzelnen überlässt, in welchem Grade er seine bisherigen Identitäten mit der neuen und zusätzlichen österreichischen Identität verbindet. Der Unterschied zwischen „guter" Integration und der „schlechten" Assimilation erweist sich dann nur noch als eine müßige semantische Spielerei.

**Anmerkung**

1  2. Österreichischer Migrations- und Integrationsbericht, HEINZ FASSMANN (Hg.) Klagenfurt 2007 S. 147.

Peter Filzmaier | Kathrin Hämmerle | Peter Plaikner

# 6. Politiker und „das Volk"?

„Die Politiker" – wer sind die eigentlich?

Auf das große Wundern folgt stets das kleine Staunen: Erst registrieren wir verblüfft, dass Wiedergeburt einige Monate Brutzeit benötigt. Dann erkennen wir überrascht, welch Personal den Kaiserschnitt zum Königsweg gestalten soll. Koalitionsbildungen sind zugleich Lehrbuch und Fragenkatalog zu zeitgemäßer Politik.

Ausschlaggebend für die Bestellung von Ministern wirkt weniger fachliche Eignung, als passende Herkunft. Das richtige Land, der fehlende Bund, das gesuchte Geschlecht machen ein Regierungspuzzle vollständig. Das Publikum lernt: Parteiliche Notwendigkeit überragt politisches Bedürfnis.

Für inhaltliche Kompetenz und sachliche Kontinuität sorgen Beamte. Doch immer mehr Repräsentanten sehen dies als Aufgabenteilung statt Auffangnetz. Dadurch entstehen Totalversager wie die Verkehrspolitik. Mangelndes Fachwissen in Wechselwirkung mit verkürzter Dienstzeit: Das Personalkarussell der Infrastrukturminister ist der wahre Teufelskreis für die Transitfrage.

Vom fehlenden Bundesniveau zur tieferen Landesebene ist es bloß ein kleiner Gehaltssprung. 12.000 Euro Brutto-Gehalt winken für den Job als Landesrat. Das ist aufgabenadäquat, muss aber nicht leistungsgerecht sein.

4800 Euro für Landtagsabgeordnete dagegen sind schon unter dem Aspekt der Verpflichtung fragwürdig. Wohl deshalb fühlen sich viele dazu berufen. Da geht es oft weniger um das Leben für die Politik als das Naschen von der Politik.

Trotz solcher Verlockungen wird die Auswahl an fähigem Personal immer kleiner. Das liegt zum Teil am Ochsentour-Prinzip aus Kuschen, Aussitzen und Hochdienen. Parteidisziplin beschädigt die erforderlichen Grundqualitäten des eigenständigen, selbstbewussten Mandatars. Andererseits bedeutet Politik für einige potenzielle Quereinsteiger die Zerstörung ursprünglicher professioneller Existenz.

Das Orakeln um die künftigen Aufgaben von Ex-Kanzlern, -Vizes und Ministern ist prototypisch für einen Fehler im System – die mangelnden Möglichkeiten des fliegenden Wechsels zwischen Management- und Repräsentationsaufgaben in Politik und Wirtschaft. Alfred Gusenbauer in der AK Niederösterreich, Wolfgang Schüssel wie Wilhelm Molterer Hinterbänkler im Nationalrat, Ursula Plassnik auf Warteposition im Außenamt – kann das schon alles gewesen sein?

Der einstige österreichische Bundeskanzler Viktor Klima wanderte nach getaner Politarbeit ebenso nach Argentinien aus wie der frühere Tiroler Landeshauptmannstellvertreter Herbert Prock. Diese Odyssee im Volkswagen ist mehr als die persönliche Tragik von durchaus unterschiedlich begabten politischen Talenten. Hier zeigt sich die tiefe Krise eines überholten sozialen Systems.

Gestern Spitzenmandatar, heute joblos: Derart gescheiterte Existenz schreckt ab. Denn die Ursache liegt nicht nur im individuellen Versagen, sondern auch im fehlerhaften Prinzip.

Die Vorstellungen von Darstellern und Publikum über

Politik als Beruf klaffen ständig weiter auseinander. Während die einen auf ihre Basis aus purem Idealismus pochen, orten die anderen schnöde Machtgier als Fundament.

Ebenso gegensätzlich sind die Ansichten zur Entlohnung von Abgeordneten und Regierenden. Das Anprangern der Gehälter von Amtsträgern ist eine Erfolg versprechende populistische Übung.

Die da oben und wir hier unten werden auf Grundlage niedrigster Neidgefühle auseinander dividiert. Auf der Strecke bleibt nicht nur das Gefühl für angemessene Einkommensverhältnisse, sondern auch das Gespür für funktionelle Volksvertretung.

Ein pauschalierendes *„Die verdienen zu viel!"* untergräbt realistische Relationen von Verantwortung und Bezahlung. In Wahrheit ist die Masse der Hand-Aufzeiger zu sehr Hand-Aufhalter. Die wirklichen Entscheider dagegen sind unterbezahlt. Im Maßstab freier Marktwirtschaft wirkt ein politisches Spitzenamt materiell unattraktiv. Denn notwendige Managementfähigkeiten werden nicht adäquat entlohnt. Deshalb wollen wenig wirklich Kompetente in Top-Positionen.

Also karikiert die gesellschaftliche Gewichtung der Mandatare das Begriffspaar von Gewaltenteilung und Volksvertretung. Die Legislative gerät zum Sammelplatz der Exekutive.

Am attraktivsten ist Politik für Mitglieder des öffentlichen Dienstes. Nur sie haben dabei nichts zu verlieren. Weil die Bezahlung ihrem leistungsfeindlichen Einstufungsschema entspricht. Weil sie dank Karenzierung zurück können. Ein Misserfolgsbonus.

Für alle anderen wird das Auffangnetz immer grobmaschiger. Nachträgliche Loyalität der Parteien zu Funktionären schwindet. Nachtragende Berührungsangst der Wirtschaft zu Mandataren wächst.

Jede politische Qualität hängt davon ab, welchen Wert wir ihren Vertretern geben. Für Manager der Privatwirtschaft bietet die Volksvertretung reizvolle Aufgaben. Dennoch schreckt sie ab. Entscheidend dafür ist neben geringerem Gehalt mangelnde Rückkehrmöglichkeit. Firmen fürchten ideologische Einordnung.

Die für das Gemeinwohl wichtigsten Aufgaben sind für zu viele fähige Leute unattraktiv. Deshalb ist weniger das Personalangebot als seine Voraussetzung zu beklagen. Wir benötigen neues gesellschaftliches Grundverständnis von Politik als Beruf. Eine Übereinkunft, die weniger von latenter Obrigkeitsgläubigkeit, sondern konsequenter Dienstleistungsorientierung getragen ist. Aber auch eine Einordnung in einen neuen Wertekanon, der vorerst aus vermeintlich politikfernen Lebensbereichen gespeist wird.

So ist nach Jahrzehnten ihrer Verkürzung zwar plötzlich die Verlängerung der Arbeitszeit ein Thema. Der soziale Wert von Mußestunden bleibt jedoch unangefochten. Die Entwicklung zur Freizeitgesellschaft wirkt zumindest in Europa unumkehrbar.

Dieser Wandel unseres Zusammenlebens ist eine der größten Herausforderungen an moderne Politik. Sie entspricht in ihrer Gesamtheit am wenigsten dem globalen Megatrend.

Wirtschaftsmanager versuchen mehr denn je, den vermeintlichen Widerspruch von Leistungs- und Freizeitgesellschaft aufzulösen. Ihre Neuordnung von Quantität und Qualität raubt dem Workaholic des ausgehenden zweiten Jahrtausends die einstige Ehrfurcht. Wer Effizienzsteigerung nur noch durch Zeitaufwanderhöhung erreicht, endet im Missmanagement der eigenen Person. Denn hier geht es nicht um 35- oder 40-, sondern 70- oder 100-Stunden-Wochen.

Solche Arbeitszeiten gelten auch in der Politik als normal. Ihre Infragestellung schreitet kaum voran. Als der Tiroler Landeshauptmann Wendelin Weingartner einst stolz die Zahl seiner Skitouren in einem schneereichen Winter erwähnte, war das Echo vernichtend: „Der muss ja Zeit haben." Vielleicht war diese Zeit auch im Sinne der Allgemeinheit besser verbracht als durch so manches Händeschütteln und Erste-Reihe-Sitzen. Wahrscheinlich bringen die Stunden eines Politikers mit seiner Familie dem Gemeinwesen mehr als zahllose öffentliche Verpflichtungen. Womöglich liegt in der Normalisierung des Lebens der Mandatare der Schlüssel zu mehr Bürgernähe.

„Politik als Beruf", wie Max Weber 1919 sein Werk über die Arbeit als Volksvertreter nannte, muss zwangsläufig den Wandel der Gesellschaft widerspiegeln. Doch nicht nur deren stetige Hinwendung zu Freizeit und Unterhaltung lässt die Vertreter aller Parteien meist alt ausschauen. Der bis heute idealtypische politische Workaholic in Multifunktion verliert an Verständnis für die Angelegenheiten der von ihm Vertretenen. Mangelnde eigene Erfahrung macht ihn anfällig für Lobbys aller Art und vermindert seine Glaubwürdigkeit.

Die Behebung dieses Missstandes erfordert aber den Wandel gesellschaftlicher Ansprüche. Denn erst unsere permanente Repräsentationsforderung an die Mandatare stiehlt diesen die Zeit für individuelle Selbsterfahrungen. Wer bessere, zeitgemäßere Politiker will, muss ihnen vor allem mehr Zeit für sich lassen.

**Der Wähler hat immer recht?**
Zähneknirschende Wahlverlierer – egal welcher Partei – verkünden mit regelmäßiger Sicherheit, dass der Wähler immer recht hat. Auch wenn sie diesen insgeheim verfluchen. Natürlich stimmt es, dass es eine politische Verpflich-

tung ist, das Wahlergebnis anzuerkennen. Alles andere wäre ein Staatsstreich. Darauf zu verzichten ist hoffentlich eine Selbstverständlichkeit, sodass in halbwegs gefestigten Demokratien dafür keine Spucke oder Fernsehzeit verschwendet werden sollte.

Dürfen jedoch Funktionäre der zuletzt großen Regierungsverlierer ÖVP und SPÖ am Montag nach dem Wahlsonntag den summarischen Stimmengewinn der Oppositionslisten als Fehlurteil der Wähler bezeichnen? Darf umgekehrt die Opposition trotz des ersten Platzes einer Großpartei deren Regierungsanspruch in Frage stellen, sowie eine ÖVP-SPÖ Koalition trotz rechnerischer Mehrheit als schrecklich brandmarken?

Zweimal ja. Inhaltlich (!) muss man unabhängig von der Parteifarbe dem Wahlergebnis nicht zustimmen. Stramme Nationale sind angehalten, bessere Ergebnisse der Grünen zu verstehen, und müssen trotzdem nicht als Pseudo-Ökos deren Gesellschaftsbild akzeptieren. Im Gegenzug ist jeder Grünmandatar seinen Wählern geradezu verpflichtet, bei einem Rückfall hinter die FPÖ sowohl das Ergebnis zur Kenntnis zu nehmen als auch unverändert blaue Ideologien scharf anzugreifen.

Von den Themenpositionen her sollte sowieso niemand am Wahlabend plötzlich die Meinung wechseln. Parteien am allerwenigsten. Für einen monatelang im Intensivwahlkampf Dauerargumente redenden Kandidaten würde das bedeuten, seine Einstellungen wären in Sekundenschnelle abschaffbar. Wer seit Jahrzehnten für oder gegen etwas war, wird nicht nach der ORF-Hochrechnung um 17 Uhr abweichende Positionen für besser halten, während er diese um 16 Uhr 55 als Riesenblödsinn ansah. Allein dumme Menschen ändern ihre Meinung nie, doch nur besonders Dumme tun das ohne längeres Nachdenken.

Trotzdem sind für Politiker Aussagen, dass nach ihrer

Überzeugung der Wähler sich geirrt hätte, ein absolutes Tabu. Keulenartig kommt das Totschlagargument, so jemand wäre je nach ideologischer Herkunft Faschist oder Stalinist. Obwohl immer weniger ihre Stimme abgeben, heißt es, dass der Wähler gesprochen hat. Uff und Hugh! Was ebenfalls anti-demokratisch klingt. Nach den Worthülsen des Wahlkampfs wären nachfolgende Diskussionen, was bei näherer und sachlicher Betrachtung welche Vor- und Nachteile hat, ungleich sinnvoller.

**Ein Farbenspiel – wer steht dahinter?**
Ein beliebtes Spiel nach jedem Wahlabend ist die Kombination von Farben und deren mehr oder weniger fantasievolle Begründung. So wurde am Abend der Nationalratswahl selbst ein kurzer Ausflug nach Afrika gewagt, konkret nach Kenia. Das Zusammenspiel der Farben Rot, Schwarz und Grün in einer Kenia-Koalition wurde dann rasch wegen erwartbarer Unbequemlichkeit verworfen. Die Auseinandersetzung mit einem ungeliebten Partner in einer Zwangsehe schien genug der unerfreulichen Aussicht auf das harte Sitzen in der Regierungsbank. Im Herbst 2005 ging eine ähnliche Kombination, die Jamaika-Koalition, durch die deutsche Presse. Schwarz, Grün und Gelb bildeten dort die Grundfarben.

So exotische (und dadurch mit einem gewissen Reiz behaftete) Bezeichnungen sind für die ungeliebte Große Koalition noch niemand eingefallen. Rot-Schwarz, Schwarz-Rot: Welche Flagge entspricht diesem Farbenspiel? Es gibt nicht viele, Albanien etwa trägt diese beiden Farben auf ihrem Staatssymbol. Der Vergleich Österreich-Albanien wurde in der Medienpolitik bereits oft strapaziert, gelang es doch Albanien Privatfernsehen früher einzuführen. Ein anderes Referenzbeispiel wäre der karibische Inselstaat

Trindad-Tobago. Parallelen zum Villacher Fasching oder zur Insel der Seligen dürften hier aber ebenso unerwünscht sein.

Auch Schwarz-Blau wurde nie mit den Staatsfarben von Botswana in Verbindung gebracht, sondern nach inhaltlichen Kriterien als Wenderegierung bezeichnet. Als Zeichen des Aufbruchs erstarrter Strukturen im Land, wie es die Proponenten erhofften. Als Warnung vor Verschlechterungen, wie es die Opponenten fürchteten. Eine Mobilisierungswelle erfasste die Bevölkerung, vorzugsweise jeden Donnerstag am Wiener Heldenplatz. Die Bereitschaft sich politisch zu äußern stieg merklich im ganzen Land an. Als sich herausstellte, dass sich das alltägliche Leben um die Wende nur wenig scherte, erlahmte auch bald wieder das verstärkte Interesse an Politik und die überdurchschnittliche Bereitschaft zum Engagement. Die letzte Donnerstagsdemonstration fand schließlich im Februar 2006 statt.

Rot, Schwarz, Blau, Grün, Organe, Gelb: Welchen Sinn hat der Regenbogen in der Politik außer in fantasievollen Wortspielen oder Fahnenraten? Der Ursprung der politischen Farbenlehre liegt im antiken Rom. Bei den Zirkusspielen kämpften meist vier Wagen von gewerbsmäßigen Rennunternehmen, die wiederum im Besitz von römischen Adligen waren, um den Sieg. Damit die Unterscheidung der Wagen für das Publikum leichter war, identifizierte sich jede Partei mit einer Farbe. Anhänger und Gegner dieser Parteien bekämpften sich aber leidenschaftlich auch abseits der Rennpiste.

Heute bezeichnet man als die „Schwarzen" Anhänger von christlichen Parteien. Ihre Farbe wählten sie vermutlich in Anlehnung an die Farbe der Talare und Soutanen ihres göttlichen Personals. Schwarz ist das uralte Symbol der Kirche für Bußfertigkeit und die Leiden Christi.

In der protestantischen Kirche ist die Farbe Schwarz seit dem 17. Jahrhundert vorgeschrieben. Rot war hingegen im Mittelalter die Farbe der Herrschenden. Erst seit der Französischen Revolution wurde es die Farbe der Revolutionäre. Die Jakobiner, als die revolutionärste Fraktion, wählten die rote Mütze der Galeerensträflinge als ihr Symbol, das in der Folge zum Symbol der Revolution allgemein wurde. Heute schmücken sich Parteien links der Mitte, von den Sozialdemokratien bis zu den Kommunisten mit dieser Farbe.

Blau, Rot und Weiß waren die Farben der Französischen Revolution, die sich auf die Ideale der Aufklärung stützte. Getragen wurde diese Bewegung von einem aufstrebenden Bürgertum, das die Vorrangstellung von Adel und Klerus infrage stellte. Die symbolische Wirkung der Farbe Blau stand dabei für Demokratie und Republik sowie für Liberalismus. Blau waren aber auch die Uniformröcke des preußischen Militärs.

Die blaue Kornblume, die sich manche freiheitlichen Parlamentarier bei ihrer Angelobung im Nationalrat im Jahr 2006 ans Revers steckten, war das Parteizeichen der Schönerer-Bewegung, deren Tragen von den österreichischen Behörden zeitweise verboten wurde. Zwischen 1933 und 1938 galt sie als Erkennungszeichen der illegalen Nationalsozialisten.

In der Zeit der Französischen Revolution liegt auch der Ursprung der Bezeichnungen „Rechts" und „Links". In der französischen Nationalversammlung 1789 in Versailles hatten die progressiven Vertreter des dritten Standes, die Bürger, auf der linken Seite, die Aristokraten und der Klerus auf der rechten Seite des Königs Platz zu nehmen. Weil diese Bezeichnungen viel einfacher waren als Royalisten und Antiroyalisten, verbreiteten sie sich rasch über die ganze Welt. In Deutschland konstituierte sich das Paulskirchenparlament von 1848 bereits nach diesem Muster. Hier saßen die republikanischen Abgeordneten, die einen sofortigen Sturz der damaligen Monarchie forderten, links und die Befürworter einer konstitutionellen Monarchie rechts.

Grün gilt als die Farbe des Wachstums und der Hoffnung. Vielleicht deshalb und wegen ihrer Nähe zur Natur gaben sich die Grünen nicht nur diesen Namen und wählten diese Farbe. Die Welt sollte wieder grüner werden.

Orange ist in manchen Ländern in den letzten Jahren zur Modefarbe geworden. In der Ukraine protestierten im Herbst 2004 die Anhänger Viktor Juschtschenkos mit orangefarbenen Bannern, Fahnen und Schleifen gegen Manipulation bei der Präsidentenwahl. Die „orange Revolution" führte schließlich am 26. Dezember 2004 zu einer Wahlwiederholung und zum Sieg des vormals unterlegenen Kandidaten Juschtschenko. Drei Jahre später flimmerte wieder ein oranges Meer über die Bildschirme, als sich buddhistische Mönche in Myanmar gegen das despotische Regime auf die Straße wagten. Orange steht im fernöstlichen Kulturkreis für selbstlosen Dienst und Entsagung, demzufolge war diese Revolution nicht erfolgreich.

Im Sport werden die Oranjes zunächst mit Fußball verbunden. Es ist die Bezeichnung der niederländischen Fußballfans, die wiederum ihre Farbe vom herrschenden Königshaus, den Oraniern, ableiteten. In der Werbewirtschaft gilt Orange als eine sehr polarisierende Farbe und als bestens geeignet, Aufmerksamkeit zu erregen, aber auch als billig. In Kärnten reklamiert der Nachfolge-Landeshauptmann Dörfler die Erfindung der Farbe Orange für das BZÖ. Hat er doch in seiner Amtszeit als Verkehrslandesrat unzählige Male in oranger Schutzweste aus den Zeitungen gelacht.

Da sich Schwarz nicht besonders für einen Wahlkampf eignet, wählte die CDU bereits 2005 als Hauptfarbe Orange. Im Kärntner Landtagswahlkampf setzte die ÖVP auf eine andere Signalfarbe: Gelb. Die Kombination Gelb-Schwarz steht in der Natur für Gefahr.

Die Gefahr der Verwechslung besteht für Europäer angesichts amerikanischer Farbenlehre. In den USA, wo „liberal" etwas Linkes bezeichnet, hat das Fernsehen die Parteien farblich gebrandmarkt: rot die Republikaner, blau die Demokraten. Diese televisionäre Einigung der Networks gibt es allerdings erst seit der Jahrtausendwende.

Noch jünger sind die Spekulationen um eine österreichische Regierung in schwarz-rot-grün. Das ist auch die Flagge von Afghanistan. Aber diese Koalition wollte dann doch keiner mehr ...

# II. Der ideale Politiker

*„Hält Wort"*
*(ÖVP)*

Peter Filzmaier | Kathrin Hämmerle | Peter Plaikner

# 1. Was Wähler von Politikern eigentlich erwarten

Die Wahlforschung weiß, wie es ist. In der Nationalratswahl 2008 stimmten 53 Prozent der SPÖ-Anhänger für ihre Partei, weil der Spitzenkandidat Werner Faymann hieß. Sein Hauptgegner Wilhelm Molterer hingegen konnte nur 25 Prozent seiner eigenen Parteisympathisanten als Wahlmotiv überzeugen. Damit liegt er auf dem letzten Platz aller Spitzenkandidaten. Die Führungsposition übernahm übrigens Jörg Haider mit 59 Prozent, 49 Prozent wählten die Grünen wegen Alexander van der Bellen und HC Strache war für 47 Prozent der FPÖ-Wähler ein Motiv gerade für diese Partei zu stimmen.

Die Wähler wissen, wie es nicht sein soll. Ungleich schwieriger ist es für sie zu formulieren, was den idealen Politiker ausmacht. Wird das in Studien abgefragt, so dominieren Allgemeinplätze. Aufrichtigkeit, Engagement, Ideen, Durchsetzungsvermögen, Glaubwürdigkeit. No na, einen korrupten, verblödeten und entscheidungsschwachen Lügner wird jemand wollen.

Was ein Politiker können soll und muss, ist eine komplexe Sache. Das Anforderungsprofil umfasst mindestens Fach-, Management und Kommunikationskompetenz. Die Kunst, es in drei Bereichen allen recht zu tun, wird durch den Unterschied der objektiven und subjektiven Qualifikation für politische Ämter erschwert. Verfassungsrechtler, Politikwissenschaftler, Soziologen und viele mehr könnten in Studien analysieren, welche der obigen Kompetenzkriterien und Charakterstärken ein idealtypischer Bundespräsident, Bundeskanzler, Landeshauptmann oder Bürgermeister objektiv haben sollte.

Im Wahlzusammenhang ist das egal und bestenfalls Teil der veröffentlichten Meinung. Entscheidend ist die subjektive Erwartungshaltung auf dem Wählermarkt. Die öffentliche Meinung bestimmt: „So muss ein Bundeskanzler sein!" Oder ein Bürgermeister, Landeshauptmann, Bundespräsident. Mit jeweils anderen Erwartungshaltungen. Heinz Fischers Auftreten als würdiger Staatsnotar mit dem im Unterschied zu Thomas Klestil richtigen Schuss Lockerheit für mehr Volksnähe passt perfekt. Als hemdsärmeliger Dorfkaiser wäre er eine Fehlbesetzung. Alfred Gusenbauer passt offenbar nicht in das, was das Volk von einem Bundeskanzler erwartete, obwohl kein Meinungsführer ihm höchste Intelligenz und tief gehendes Wissen absprach.

Die Erwartungen der Bevölkerung mögen unvernünftig und primär von früheren Amtsinhabern geprägt sein. So war beispielsweise Alois Partl als Tiroler Landeshauptmann im politischen Wettbewerb zum Scheitern verurteilt, weil er einem sorgfältigen Beamten glich und dem Klischee seines jahrzehntelangen Vorgängers Eduard Wallnöfer als kerniger und polternder Tiroler nicht entsprach.

Parteien haben vor einem Wahlkampf zwei Möglichkeiten. Sie können in ihren jeweiligen Reihen Kandidaten suchen, die dem subjektiven Anforderungsprofil der Bevölkerung entsprechen, oder sie können – alternativ dazu – die öffentliche und veröffentlichte Meinung verändern. Soll ein Politiker vom Typ des Wiener Bürgermeisters nicht 2010 oder 2016 Bundespräsident werden, kann eine geschickte Kampagne das Bild vom Präsidenten als Staatsnotar durchaus in die Vorstellung des jovialen Volkspräsidenten verwandeln.

**Werte und Wertelosigkeit**
Natürlich könnte man naiv meinen, das Qualifikationsprofil hat mit seinem Wertezusammenhang zu tun. Je nachdem ergeben sich also Notwendigkeiten der christlich-sozialen, sozialdemokratischen, freiheitlichen oder liberalen Gesinnungsgemeinschaft. Mit der Realität der Wähler hat das wenig zu tun. Noch zu Bruno Kreiskys Zeiten zählte Österreich im internationalen Vergleich zu jenen Ländern mit der geringsten Wählerwanderung zwischen den Parteien. Seitdem ist kein Stein auf dem anderen geblieben. Sowohl haben Wechsel- die Stammwähler abgelöst als auch könnte das Wahlverhalten nach Werten kaum unterschiedlicher sein.

Von 1986 an marschierten frühere Getreue der christ- und sozialdemokratischen Großparteien zur anti-sozialistischen FPÖ und den vermeintlich gottlosen Grünen. 2002 implodierten die Blauen und lösten ein bis heute dauerndes Hin und Her ihrer damaligen Anhänger aus, das zwischen rechts und links keinen Unterschied machte. 2002 und 2006 gab es eine Geschlechterkluft, dass rot-grün bei weiblichen Wählern über eine koalitionsfähige Mitte-Links-Mehrheit verfügte und Männer Mitte-Rechts-Parteien bevorzugten. Nur auf Landesebene ist die Sache weniger eindeutig.

Bei den Jungwählern wiederum hatten angeblich die Grünen ihr Kernklientel. Was die Bauern für die ÖVP darstellen – nämlich eine Hochburg –, sind Studierende mit bis zu 40 Prozent der dortigen Stimmen für van der Bellen & Co. Auch die ÖVP erreicht bei den unter 30-jährigen größere Zustimmung, was einst als unrealistisch abgetan wurde. 2008 stürzten die Grünen in dieser Gruppe ab, und FPÖ und BZÖ triumphierten.

Somit wären allein Religiosität (für ÖVP-Wähler) und Gewerkschaftsbindung (für SPÖ-Wähler) Konstanten im österreichischen Wahlverhalten. Doch sind Arbeiterstimmen bereits vor der BAWAG-ÖGB-Affäre oft zu Jörg Haider und/oder Heinz-Christian Strache abgewandert. Die konfessionellen Wähler werden erstens weniger und sind zweitens für alle schwieriger zu erreichen. Zuletzt lag die ÖVP sogar bei den Kirchengängern nicht mehr deutlich genug voran.

Das Motto für Werte in der Politik lautet daher nicht nur jeder gegen jeden, sondern es gibt zunehmend Wahlberechtigte, welche fast jeden wählen könnten. Schließlich wechseln in der Steiermark Wähler zwischen den rechten Blau-Orangen und der linken KPÖ. Auf Bundesebene hat es sogar zwischen Grünen und FPÖ bzw. BZÖ schon Überläufer gegeben.

### Begeisterungsfähigkeit

Programmatische Aussagen scheinen die Wähler nicht mehr binden zu können, schon gar nicht dauerhaft. Entscheidend sind vielmehr der Spitzenkandidat, sein fotogenes Auftreten, seine TV-Talente, aber auch seine Begeisterungsfähigkeit, sein Charisma und seine Glaubwürdigkeit, kurzum: seine Persönlichkeit bzw. sein Image, das Medien von ihm transportieren.

Wo Inszenierung aber jegliche Inhalte verdrängt und scheinbar zum Selbstzweck der Politik wird, entsteht in der Bevölkerung wieder das Bedürfnis nach Authentizität. Die Grünen waren die Ersten, die unkonventionelle Auftrittsmöglichkeiten in den Medien bestens nützten. Spaziergänge in der Hainburger Au mit Hirschgeweihen sind noch vielen Österreichern in Erinnerung. Die Grünen verzeichneten aber auch alsbald ein erstes Opfer. Die in Frisiersalon und Fitnessstudio designte Spitzenkandidatin Madeleine Petrovic konnte die Camouflage nicht dauerhaft durchhalten. Nach ihrem Sieg bei der Nationalratswahl 1994 kam der Absturz 1995.

Von der Politik wird erwartet, dass kompetente und verantwortungsbewusste Menschen sich der Probleme in der Gesellschaft annehmen, die Zukunft positiv gestalten und den Wohlstand für alle mehren. Der Politiker ist somit zur Projektionsfläche vieler Wünsche, Hoffnungen und Ängste geworden. Je abstrakter die Politik wird durch Modernisierung und fortschreitende Spezialisierung im Arbeitsleben und die Durchschaubarkeit für den einzelnen Bürger entgegen der Komplexität der Politik sinkt, rückt die Person des Politikers in den Vordergrund. In unruhigen, ja bedrohlichen Zeiten steigt der Bedarf des Publikums an Beruhigung und Beschwichtigung. Die Krise der Weltwirtschaft und das Erfordernis der globalen Zusammenarbeit haben aber die Handlungsspielräume der Politik dramatisch verengt. Ins Kreuzfeuer der Kritik und Unzufriedenheit gerät dabei aber nicht die Politik, sondern derjenige, der sie repräsentiert. Er soll die komplexen gesellschaftlichen und politischen Verhältnisse wieder verständlich machen, er soll helfen, den symbolischen Abstand zwischen Repräsentanten und Repräsentierten wieder aufzuheben. Der Politiker ist einer von uns geworden, muss aber gleichzeitig die bessere Seite von uns verkörpern. Dies führt zur Enttäuschung und Diskreditierung des ganzen Berufsstandes.

## Visionen

Fasching 2007: Die neue Bundesregierung bewegte sich einerseits innerhalb des Verfassungsbogens und handelte andererseits konträr zur Devise *speed kills*. Dennoch konnte sie nur hoffen, dass auch die Wahrheit über sie eine Tochter der Zeit ist. Für Erwin Pröll war Andreas Khol schon damals ein Auslaufmodell. Seine Wortprägungen eigneten sich trotzdem zur Einschätzung der letzten wirklich Großen Koalition.

Die viel beklagte inhaltliche Entwicklung war noch das geringste Problem dieser Großen Koalition. Sie schaffte es vor allem nicht, Aufbruchstimmung zu erzeugen oder wenigstens irgendeine Stimmung abseits von Enttäuschung zu entfachen. Da konnte das Wirtschaftswachstum der EU ruhig jenes der USA übertreffen: Österreich grundelte zwischen Studiengebühren und Eurofighter-Missmut.

Besonders der rote Teil der Regierung vermochte die allzu hoch geschürten Erwartungshaltungen kaum zu erfüllen. Alfred Gusenbauers elefantöse Neigung zum Porzellanladen überschattete eine Erstbilanz, die eigentlich nicht schlechter war als bei früheren Regierungsstarts.

Wer zu viel verspricht, erntet sogar für passable Leistungen bloß Häme. Gusi und die Chefpartie versprachen vor der Wahl das Rote vom Morgenhimmel, um dann zu enden wie glücklose Wetterfrösche. Die Vorhersage eines prächtigen Tages lässt sogar eine bloß schöne Realität zur Enttäuschung verkommen.

Die Politik hat zunehmend das Problem, dass Parteien viel mehr versprechen müssen, als sie jemals halten können. Dafür sorgen nicht nur Koalitionszwänge. Der Handlungsspielraum ist insgesamt so eng, dass ohne diese Übertreibungen zumindest bei Großparteien die Unterschiede zu gering für eine Richtungswahl erscheinen. Genau das aber haben die Genossen erfolgreich versucht. Sie beschworen die Vision von einem anderen Österreich.

Doch schon im ersten Fasching mit der ersten sozialdemokratisch geführten Regierung nach sieben Jahren Machtpause herrschte eher der Eindruck von Ratlosigkeit statt Rotlastigkeit. Statt an den zukunftsorientierten SP-Wahlslogan „Neue Fairness braucht das Land" erinnerte die gesellschaftliche Gesamtstimmung an die trotzig bewahrende VP-Parole „Österreich. Bleibt besser". Dank den Skifahrern Nicole Hosp und Mario Matt.

## Durchsetzungsvermögen

Gibt es einen Regelverstoß? Darauf lassen sich fast alle öffentlichen Enthüllungen reduzieren. Bei vielen Skandalen bleibt bloß die Frage eindeutig. Eine klare Antwort ist oft nicht möglich. Trotzdem sind auch die letztlich ungelösten Fälle selten nur viel Lärm um nichts. Sie rütteln zumindest an der jeweiligen Regel – und den Ausnahmen, die sie angeblich bestätigen.

Politik ist mitunter bloß das Nutzen eines Schlupflochs. Dies verträgt sich aber selten mit der Vorbildwirkung eines Amtsträgers. Legistische Geschicklichkeitsübungen schwächen letztlich ihre Proponenten, deren Parteien und die gesamte Branche. Solch negative Wirkungen beruhen einerseits auf zu komplizierten Regeln, deren Umgehungsmöglichkeiten oft umfangreicher sind als die Bestimmung selbst. Andererseits haben besonders Führungspersönlichkeiten zuweilen größte Schwierigkeiten mit der Einhaltung von Vorschriften.

Unsere Verhaltensmuster für Karrieren prägen die Erfolgreichsten geradezu zu Grenzgängern im Regelwerk. Denn um nach oben zu kommen, ist vor allem Durchsetzungsvermögen gefragt. Manchmal auch gegen lästige

Paragrafen. Woher also soll jemand jene Vorbildwirkung nehmen, die er zum Erreichen seiner Stellung kaum benötigt?

Wer für Toppositionen untadeliges Verhalten einfordert, muss die Aufstiegskriterien verändern. Der Sport fungiert dabei nicht als Vor- sondern Spiegelbild unserer Wettbewerbsgesellschaft – und mitunter auch als Trugbild.

Zielerreichung ist kein absoluter Wert. Auf das Wie kommt es an. Ganz oben, wo die Luft sehr dünn wird, hat nur noch eine Eigenschaft Vorrang: Glaubwürdigkeit. Ein Musterbeispiel dafür ist Barack Obama. Sachlich und fachlich vermag den neuen US-Präsidenten kaum jemand schon wirklich einzuschätzen. Der Mann verkörpert vor allem einen Fluchtweg aus unserer Unreife im Umgang mit der Demokratie. Wir nennen dies verschämt Leadership, weil es den Führerkult nie wieder geben darf. Wir lechzen geradezu nach Durchsetzungsvermögen.

Obama bietet eine perfekte Projektionsfläche für die Sehnsucht nach dem starken Mann. Der bisher größte Politik-Popstar. Jeder kennt ihn. Keiner weiß, was er kann. Sein Platz in der Geschichte wird letztlich vor allem dadurch entschieden, wie er sich gegen Kongress und Senat, wie er sich gegen seine eigene Partei, wie er sich gegen alle Lobbys zu behaupten vermag. Über Sieg oder Niederlage entscheidet langfristig vor allem das Durchsetzungsvermögen des Einzelnen gegen den Apparat.

### Charisma & Glaubwürdigkeit

Kaltenegger ist Kult. Diese häufige Annäherung an den steirischen Kommunisten beschreibt ein Phänomen. Aber sie ergründet nicht den Erfolg. Ihn erklärt der Grazer am besten selbst. Seine Antrittsrede im Gemeinderat hieß „Der Sachzwang zur Glaubwürdigkeit."

Ernest K. hinterfragt den Begriff der politischen Verantwortung. Er kritisiert, dass die Einhaltung von Versprechen sinkt, wenn eine Partei ins Machtvolle wächst. Darin sieht der KP-Mandatar eine Hauptursache für die Reduktion der Wahlbeteiligung. In Graz waren es 1968 noch 93,6, 2003 nur 57,2 Prozent.

Schon zwei Jahre später gilt Kaltenegger als vertrauenswürdigster Politiker im Land. Während der deutsche Präsident Horst Köhler angesichts einer Nachwahl die Mandatare zu mehr Ehrlichkeit aufruft, entscheidet ein sachlicher Kommunist den steirischen Urnengang. Persönliche Integrität schlägt parteiliche Präferenz: der Prototyp des Politikers der Zukunft?

Eher ein altes Muster: Ehrlichkeit und einfache Sprache nennt der deutsche Ex-Präsident Roman Herzog als wichtigste Eigenschaften für das Amt. In der gerechten Verteilung auch von Zumutungen sieht Ex-Kanzler Helmut Schmidt das Rezept zur Mehrheitsfindung.

Die Stärke der Partei hinter der Person ist wichtig. Doch in großen Gruppierungen verbraucht der lange Marsch durch die Gremien zu viele Talente. Den Rest erledigen oft veraltete Ansprüche der Basis.

Überallsein und Händeschütteln ohne Ende sind sentimentale Reminiszenzen an die Vergangenheit. Die Öffentlichkeit erfährt durch Medien, wer für welche Werte, Ziele und Überzeugungen steht. Oder auch nicht – wenn Nebelgranaten wie Türkei-Veto, Hymnen-Text und Tempo 160 von den wahren Notwendigkeiten ablenken.

Der Sachzwang zur Glaubwürdigkeit besteht in der Entlarvung und Verweigerung solcher Scheindebatten. Sie entstehen aus dem Wechselspiel von Politik und Medien.

Doch beide setzen damit ihr wichtigstes Gut aufs Spiel – das Vertrauen der Bürger.

Kaltenegger zeigt, dass es auch anders geht. Mit Sachpolitik und dennoch mit den Medien. Sie sehnen sich nach Typen wie ihm. Unabhängig von ihrer ideologischen Herkunft. Das ist für alle Parteien und Medien zugleich Mahnung und Hoffnung.

Je nach Personalstand.

**Liebe zum Menschen**
Alf Poiers Songcontest Lied „Weil der Mensch zählt" war 2003 die späte Rache für eine politische Betulichkeit, die mehr Strafe verdient als den ohnehin mangelnden Erfolg. Kaum hatten wir die allgeschlechtlichen LebewesInnen verdaut, schon stand die totale Humanisierung auf dem Menüplan jener Mandatarssprache, die sich eine Nationalratswahl später von der Gusenbauerschen Beschwörung „Am Ende des Tages" vereinnahmen ließ.

2003 jedoch wurden noch „Die Menschen" von ihren Vertretern immer häufiger in den Mund genommen. Dass der Mensch zählt, wie die SPÖ es plakatierte, war bloß die logische Slogan-Folge eines Wort-Trends in allen Parteien.

Verlogener kann Sprachentwicklung nicht sein. Je öfter sie beim Namen genannt werden, desto eher müssen die Menschen einsehen, dass der Staat künftig weniger für sie tun kann.

Weil der Mensch zählt, Alf Poiers Lied für den Songcontest, konnte also durchaus als Abrechnung der Ösis mit ihrer Politik verstanden werden. Immerhin hatten alle die Chance zur Abstimmung. Und solch ein Voting, das wissen wir seit Starmania, repräsentiert ja quasi die Nation.

Das ist natürlich Unsinn. Wäre Alf Poier mehrheitsfähig, hätte er es nicht zum erfolgreichen Kleinkünstler in subversiver Tradition gebracht. Kabarett ist geradezu klassische Opposition. Doch diese Minderheit verfügt über die Macht der Mobilisierbarkeit. Deshalb war unser Lied für Riga ein Song der militanten jungen Fun-Fraktion. Sie hatte per Handy und SMS den faden, alten Grand Prix im Handstreich genommen.

Österreich hinkte damit der nachbarlichen Entwicklung von Guildo Horn und Stefan Raab nach. Doch auch dort ist mittlerweile wieder der alte Schmalhans Schlagermeister. Die Spaß-Strategen unterliegen der großen deutschen Depression. Felix Austria genoss zumindest 2003 den Verzögerungseffekt. Denn nur selten steht es besser da als der große Bruder.

Der Songcontest fungierte seit jeher als Austragungsort dieser Rivalität. Doch er bedeutet mehr. Musikalisch unerheblich, bietet er heute einer halben Milliarde Fern-Sehern Orientierungshilfe zu Europa. Die Osterweiterung ist hier längst vollzogen. Lettlands Sieg lieferte einen Vorgeschmack zur Lernfähigkeit der künftigen EU-Staaten. Jugendlich dynamisch stellen sie nicht in Frage, sondern wollen teilhaben. Auch nach unseren Regeln. So lange wir bestimmen.

Zu viel Symbolik für den banalen Sänger-Wettstreit? Wenn der Mensch zählt, müssen Gleichnisse einfach gestrickt sein. Sonst verstehen die Menschen sie nicht.

Alf Poiers Schlichtheit war grenzgenial. Er sorgte für den kleinsten gemeinsamen Nenner zur Lage der Nation. Leider.

Peter Filzmaier | Kathrin Hämmerle | Peter Plaikner

# 2. Was Politiker dürfen ...

Maulhelden, Triebtäter, Politiker? Die sprachliche Sackgasse

Der Anlass des im vielfachen Sinn nicht rechtskräftigen Peter Westenthalers ist denkbar ungeeignet. Eine Debatte, was Politiker mit ihren Aussagen (nicht) anrichten dürfen, wäre trotzdem dringend notwendig. Es geht nicht um erstinstanzlich in einem Gerichtsprozess bewiesene Falschaussagen über die Vermöbelung des Ex-Inventars vulgo früherem Mitstreiter. Für das Strafrecht ist die Justiz zuständig. Das Parallelurteil radikal verminderter Funktionschancen ist für den orangenen Berufspolitiker und Sprachtäter vermutlich schlimmer.

Laut Aussage eines Richters zählte Westenthaler zu jenen Zeugen, die vor Gericht relativ dumm daher lügen. Glück im Unglück für ihn war, dass – geschönt zitiert – seine Aufforderung, Öffnungen des Gesäßes aus dem Lokal zu entfernen („Haut's die ... ausse!") nicht als Anstiftung zu einer Gewalttat gewertet wurde. Doch wo stoßen Politiker unabhängig von „Rambo" Westenthaler im ethischen Sinn an die Grenzen des sprachlich Erlaubten?

Armloch als konsequente Bezeichnung für einen Mitbewerber etwa könnte im Wahlkampf genial sein, weil nicht klagbar und vage an etwas Anderes erinnernd. Der

September wird ein Monat der Ansammlung mit viel ärgeren Verbalinjurien sein. Zugegeben wird an Stammtischen umgekehrt über Politiker mit gemeiner Wortwahl geschimpft. In Leserbriefen der Boulevardblätter heißt es seitens des Volkes, alle Volksvertreter wären verlogen, korrupt und/oder schweinemäßig unintelligent (das wiederum verklausuliert, um den Ausdruck saublöd zu vermeiden).

Wir verlangen also von denen da oben eine höhere Moral, wenn wir ihre Sprache anprangern. Zu Recht. Als Bruno Kreisky Simon Wiesenthal Nazi-Kollaborateur titulierte, war das eine beiläufige Tat der Worte und führte zu einer Geldstrafe. Die absurde und miese Unterstellung hatte jedoch von gestoppter Vergangenheitsbewältigung bis zur Salonfähigkeit ähnlichen Unsinns von Ewiggestrigen dramatische Folgen.

Angesichts dessen war Jörg Haiders Verunglimpfung des Richternamens im ORF übler als Westenthalers Gerede, weil im Stil unseliger Zeiten. Von einem Wiederholungstäter, der schon den Präsidenten des Verfassungsgerichts namentlich verspottete. Sprachliche Aus(t)ritte mit scheinbarer Harmlosigkeit und üblem Hintergrund passieren laufend.

Auch anderswo. Der CDU-Abgeordnete Nitsche verließ seine Partei, nachdem er rassistisch und sexistisch über „Multi-Kulti-Schwuchteln" und mehr schimpfte. Doch in Deutschland tritt man zurück, in Österreich wird das Wahlkampfstrategie. Zuletzt in Tirol seitens der FPÖ gegen einen Grünen wegen dessen sexueller Orientierung, vom Bundesparteichef in jedes Publikum gebrüllt.

Die Lösung wäre ein unrealistischer Ehrenkodex. Der Slogan, man sei nicht im Mädchenpensionat und es werde eben pointiert formuliert, zählt zum Standardrepertoire von Westenthaler & Co. In einem Internetforum ist hingegen eine Grundregel formuliert: Ein Politiker sollte mindestens soviel geistige Reife entwickeln, um nicht zu klingen wie seine Wähler ab dem ersten Promille.

Peter Filzmaier | Kathrin Hämmerle | Peter Plaikner

# 3. Was Wähler dürfen ...

Unfaire Spielregeln in einer ruinierten Branche

An Schlammcatchen erinnernde Beschimpfungen in der Politik finden problemlos Medienecho. Hingegen gibt es Diskussionsveranstaltungen über faire Spielregeln im politischen Wettbewerb manchmal nahezu unter Ausschluss der Öffentlichkeit. Es gelingt den Organisatoren mit Mühe und Not, dass das Podium gegenüber dem Publikum nicht in der Überzahl ist. Das ist schade, weil Politik als Branche sich ohnehin in einem ruinösen Prozess der Selbstvernichtung befindet. Im Grunde haben Parteien ein so negatives Image, dass sogar inhaltliche Genieblitze an einer Mauer von Vorurteilen als nicht vermittelbar abprallen.

Ansonsten scharf konkurrierende Firmen müssen sich in einem solchen Fall zusammenschließen, um gemeinsam das Überleben zu schaffen. Denn bei einer Verfestigung ihres Bildes als inkompetente Witzfiguren hätten sie eine kollektive Pleite zu befürchten. Intelligente Politiker wissen, dass ihrem Geschäft Demokratie dasselbe droht. Trotzdem unternimmt keiner etwas, und eine fortgesetzte Spirale von wechselseitiger Diskreditierung gleicht dem Zug der Lemminge. Dabei sagen selbst hartgesottene Stammwähler, von der konsequenten Nicht-Anerkennung guter Einfälle der Gegenseite angewidert zu sein.

Tragikomisch ist, dass es Peter Westenthaler war, der

einmal wegen des tiefen Niveaus und Schmuddelbildes seiner Profession exhibitionistisch Rücktrittsgedanken wälzte. Das damalige Gefühl des Seins, als würde ausgerechnet Mike Tyson sich über Niveaumangel und Brutalität im Boxsport beschweren, ist angesichts der Schlägereiprozesse rund um Leibwächter des Betroffenen unverändert treffend.

Zugegeben ist politische Fairness in ihrer staubigen Trockenheit nicht als Straßenfeger geeignet. Zudem haben unsere Politiker in Eigenverantwortung zu viele Tabus gebrochen. Die banalste Fairnessregel ist, bei aller Kritik niemand persönlich zu beleidigen oder gar in seiner Menschenwürde herabzusetzen. In Wahrheit werden laufend Mitbewerber oder Außenstehende aufgrund des Aussehens, ihres Namens oder der religiösen Überzeugung verspottet.

Es gibt trotzdem eine andere Seite. Obwohl wir das widerwärtig finden, ist umgekehrt jedwede Politikbeschimpfung salonfähig. Lehrer empören sich zu Recht, wenn sie als Teilzeitarbeiter mit Halbtagsjob und drei Monaten Urlaub verunglimpft werden. Falls Ärzte pauschal als reiche Abzocker auf Kosten der Steuerzahler bezeichnet werden, wäre deren Interessenvertretung superschnell auf den Barrikaden.

Nur gegenüber Politikern sind unzulässige Verallgemeinerungen jederzeit erlaubt. Natürlich sollen sie es sich anhören, wenn ein politisches Vorhaben als Sch… empfunden wird. Doch gibt man Volksvertretern darüber hinaus zu verstehen, ein Stück der punktuellen Abkürzung im Vorsatz zu sein. Eine Lanze für jene zu brechen, die wir ja gewählt haben, gilt als verpönt. Das ist ebenso unfair. Außerdem: Wer soll bei diesem Sozialprestige künftig Politiker werden?

Peter Filzmaier | Kathrin Hämmerle | Peter Plaikner

## 4. Von der Vertrauenskrise zur Kultur des Misstrauens

Auf wen kann man sich noch verlassen? Diese Frage, im Sommer 2008 in der deutschen Zeitung *Die Zeit* gestellt, passt zur Besinnung während der Zeit des Osterhasen. Auch in Österreich – wenig später im Leitartikel des *profil* – häufen sich Kommentare über eine Vertrauenskrise in unserer Gesellschaft. In den USA ist das mangelnde Vertrauen in Staat und Gesellschaft schon länger ein Top-Thema.

Solche Sorgen haben nichts mit dem erhobenen Zeigefinger zu tun. Wehklagend zu behaupten, früher war alles besser, ist dümmlicher Populismus. Wer als Österreicher oder Deutscher behauptet, dass es in der guten alten Zeit stets Handschlagqualität gab, redet Unsinn. Nicht so viel früher hat man mit denselben Händen Köpfe eingeschlagen und einen Massenmord an Millionen begangen. Das passiert heute in EU-ropa nicht.

In der Politik ist trotzdem ein Vertrauensverlust unbestritten. In der persönlichen Erfahrung zeigen das oft Kleinigkeiten. Selbst ein honoriges Publikum von Lehrern bis zu Ärzten tendiert zum Schenkel klopfen, wenn in politikwissenschaftlichen Vorträgen politische Akteure durch den Kakao gezogen werden. Am besten stellt man sie unter jedwedem sprachlichen Niveau als prall gefüllte Gepäckstücke dar.

Die Wortwahl Vollkoffer garantiert Szenenapplaus. In der kritischen Analyse von Machtverhältnissen ist nicht der sachliche Hinweis auf Missstände und Fehler in konkreten Fällen gefragt. Es braucht den Allgemeinplatz von der katastrophalen Politik als total herunter gewirtschaftete Regelung menschlichen Zusammenlebens.

Im Grunde ist es freilich naiv, die Vertrauenskrise auf die Politik zu beschränken. Ja, nur einer von fünf Österreichern vertraut den Parteien. Bloß jeder Dritte hat eine positive Meinung von Regierung und Parlament. Wenn jedoch dadurch Nicht-Regierungs-Organisationen und Zivilgesellschaft an Bedeutung gewinnen, wo ist das Problem?

Schlimm ist die Misstrauenskultur in allen Bereichen. Die Soziale Marktwirtschaft wird längst nicht mehr als Symbol des Aufschwungs seit 1955 und für mehr Wohlstand gesehen. Statt Sachdebatten über das Phänomen neuer Armut haben Pauschalierungen Hochsaison, dass dubiose Lobbys und Geheimbünde im Hintergrund regieren. Deren Vertreter mit ihren dunklen Absichten treffen sich angeblich alle in Liechtenstein mit den Zumwinkels dieser Welt zwecks Steuerhinterziehung als Betrug des Gemeinwesens.

Letztere plus Schattenwirtschaft vulgo Pfusch ist übrigens für Durchschnittsbürger genauso eine Art Volkssport, was den Wert des sozialen Kapitals ebenfalls nicht im besten Licht erscheinen lässt. Das Dilemma ist das dadurch bedingte Fehlen gegenseitiger Kontrollmechanismen.

Eine starke Politik könnte Maßlosigkeiten in der Wirtschaft Grenzen setzen. Eine verantwortungsvolle Ökonomie müsste politische Schaumschläger in die Schranken weisen. Ein Grundkonsens ethischer Werte würde politische und wirtschaftliche Extremisten ins Abseits stellen. Doch schaut jeder auf seinen Vorteil und den Nachbarn schief an. Derart parallele Vertrauenskrisen in Politik, Wirtschaft und Gesellschaft sind die wirkliche Gefahr.

# III. DER REALE POLITIKER

*„Sie sind gegen ihn,
weil er für Euch ist"*
(FPÖ/BZÖ)

Peter Filzmaier | Kathrin Hämmerle | Peter Plaikner

# 1. Warum wird jemand Politiker?

Motivation und Ergebnis – eine Diskrepanz?

Werden Sie Feuerwehrmann! Allein Piloten können mit deren Beliebtheit mithalten. Apotheker oder Krankenschwestern liegen ebenfalls gut. Als Lehrer, Meteorologe vulgo Wetterfrosch oder Priester steigen Sie nicht ganz schlecht aus. Schlimm dran sind Journalisten, Gewerkschafter und Fußballspieler. Dahinter kommt bloß noch die Politik. So lautet jedenfalls das Ergebnis der Studie Reader's Digest European Trusted Brands 2007.

97 Prozent der Österreicher halten Feuerwehr und Fliegerei als Beruf für vertrauenswürdig. Apotheker oder Krankenschwestern liegen ebenfalls gut. Bei den heimischen Profikickern tun das jämmerliche 13 Prozent. Acht Prozent vertrauen Politikern. Das ist die Hälfte der Vertrauenswerte für Autoverkäufer und weniger als ein Sechstel jener von Taxifahrern.

Nichtwähler ausgenommen, haben rund 80 Prozent für jemand aus einer Berufsgruppe gestimmt, der sie zu über 90 Prozent misstrauen. Bezeichnenderweise handelt es sich bei der zitierten Studie an sich um eine Verbraucherumfrage von Marketing-Unternehmen. Die Marke und Branche Politik ist weltweit so nachhaltig beschädigt, dass es systemunabhängig keine wenigstens halbwegs akzeptablen Ergebnisse gibt. Politiker mit guten Vertrauenswerten sind vielleicht Einäugige unter den Blinden.

Wer in die Politik geht, kann das rein theoretisch a) aus Idealismus, b) wegen des Images, c) infolge ökonomischer Erwägungen und d) machtpolitisch motiviert tun. Das Problem ist, dass bei b) und c) auf jeden Fall der Berufseinstieg zu Verschlechterungen führt, wenn man nicht gerade vorher einkommensloser Schwerverbrecher war. Eine Top-Person aus der Wirtschaft wird jedoch in der Politik einen schlechteren Ruf haben und weniger verdienen. Zugleich sind hinsichtlich d) sogar die Gestaltungsmöglichkeiten geringer. Das führt dazu, dass auch a) einmal schwindet.

Dem Volk hilft es auf keinen Fall, wenn es die Volksvertreter scharenweise mit Idiotentiteln versieht. Leider beschränken sogar Politikinteressierte mit überparteilichem Anspruch ihre Einwände häufig auf die Borstenfrisur von Bundeskanzler Alfred Gusenbauer oder die Schmallippigkeit seines Amtsvorgängers Wolfgang Schüssel. Medien können sich da nicht rühmen, frei von Schuld zu sein. Schließlich sind Politiker als Dolme der Woche oder „Heros und Zeros" nicht immer inhaltlich gut begründet. Wenigstens deren Untermalung mit einem möglichst unvorteilhaften Schnappschuss der Marke Mörderfoto ist kein Sachargument.

Der Reiz zum Spotten ist zugegeben vorhanden. Wenn Politikwissenschaftler Vorträge halten, sind die größten Lacher bei zynischen Nebensätzen über Politiker und Parteien vorprogrammiert. Zieht man diese so richtig durch den Kakao, verlassen Wissenschaftler oft zwar ihr sprachliches Niveau, haben aber den meisten Beifall sicher. Da kann das Publikum aus Generaldirektoren oder Top-Journalisten bestehen, ganz egal.

Ganz ehrlich: Wann haben Sie zum letzten Mal über

Politik und Politiker geschimpft? Vermutlich ist es nicht lange her. Meistens geht es dabei nicht gerade sachlich zu. Warum auch nicht, Politiker sollen misstrauisch beäugt werden. Demokratische Kontrolle und sachliche Kritik bedürfen außerdem pointierter Formulierungen, um medial vermittelbar zu sein. Trotzdem sollte der schmale Grat zur persönlichen Verletzung nicht überschritten werden. Es ist zugleich für uns peinlich, dauernd eine Berufsgruppe zu beschimpfen, von der wir – Nichtwähler ausgenommen – einen Teil freiwillig gewählt haben.

Doch soll Politiker ein Job für Berufsmasochisten werden? Beispielsweise hegte im zweiten Teil ihrer Amtszeit inhaltlich durchaus mit Berechtigung bloß eine kleine Minderheit Sympathien für Elisabeth Gehrer und ihre Bildungspolitik. Deren Änderung bis hin zum Rücktritt der Ministerin zu fordern, war das gute Recht der skeptischen Mehrheit. Doch ist deshalb eine Titulierung als Alm- und Strickliesl oder minderbemittelte Handarbeitslehrerin gerechtfertigt? Die Ausdrücke Gruselbauer und Low-patka waren auf demselben Niveau. Besser gesagt, sie ermangelten eines solchen. In der jüngeren Geschichte wurde das Wortspiel mit Namen von 1933 bis 1945 von den Nazis auf abscheuliche Art perfektioniert. Daher sollten Politikbeobachter, Journalisten, Parteiaktivisten und/oder Möchtegern-Kampfposter im Internet – alle zitierten Begriffe fanden sich während des Nationalratswahlkampfs 2006 laufend in Online-Diskussionsforen – so etwas tunlichst unterlassen. Wer will sich schon auf das Terrain von Paradepopulisten begeben?

Peter Filzmaier | Kathrin Hämmerle | Peter Plaikner

# 2. Der Weg zum Politiker

Grundsätzlich stehen zwei Wege in die Politik offen: Der steinige, langwierige, stufenweise von unten nach oben wird gemeinhin auch Ochsentour genannt. Größere Parteien konnten lange Zeit bei einem gewissen Fleiß und Ausdauer ein honoriges Amt und Auskommen beinahe garantieren. In Zeiten stetiger Verluste ist dies nicht mehr so einfach. So hatte die SPÖ 1983 noch 90 Plätze im Nationalrat zu vergeben, 2008 waren es nur mehr 57. Auch die SPÖ büßte in den letzten 25 Jahren 30 derartige Spitzenjobs im Parlament ein und besetzt derzeit nur mehr 51 Sitze. Umgekehrt konnte die FPÖ, zählt man heute die Mandate des BZÖ dazu, in diesem Zeitraum ihre Abgeordnetenzahl von 12 auf 55 erhöhen.

Im neu gewählten Nationalrat 2008 sitzen 51 neue Gesichter, wobei jene zwei Parteien mit dem höchsten Stimmen- und Mandatzugewinn mit 18 die FPÖ und 13 das BZÖ sind. Die beiden (ehemaligen) Großparteien haben je 7 neue Mandatare auf Bundesebene und die Grünen bringen es auf 6, entgegen ihrer Ankündigung eines Generationenwechsels.

Obwohl also relativ viele neue, keine bekannten Gesichter. Die Zeit der prominenten Quereinsteiger in die Politik scheint vorbei zu sein. Kein berühmter Sportler oder Showstar fand bei dieser Wahl den Weg ins Parlament. Erst bei der Regierungsbildung wurde mit der neuen Justizministerin ein bekanntes Seitenblicke-Gesicht in die Politik geholt.

Und selbst die neuen Gesichter haben altbekannte Vorgeschichten. Hauptsächlich Beamte und Parteiarbeiter fanden bei der letzten Wahl den Weg ins Parlament. Geschützte Berufsbereiche mit Rückkehrrecht und Berufspolitiker ohne anderweitige Erfahrungen füllen das Personalreservoir für einen Berufstand, der immer weniger erstrebenswert erscheint. Der Abbau des Beamtenstaats zeigt noch wenig Auswirkung auf das Beamtenparlament, das kaum Um- und Ausstiegschancen für Politiker bietet.

Hans Winkler

# 3. Politik als Beruf[1]

## Die Rekrutierung

Wie die Rekrutierung des politischen Personals nicht nur in Österreich, sondern in allen westlichen Demokratien vor sich geht, kann exemplarisch an zwei „Jungpolitikerinnen" dargestellt werden: An Lisa Hakel von der SPÖ und Silvia Fuhrmann von der ÖVP. Die jetzt 31-jährige Hakel übernahm als knapp Zwanzigjährige die Bundesgeschäftsführung der Jungen Generation der SPÖ. Nach Wien gekommen war die Steirerin aus dem Ennstal eigentlich zum Studium. Sie war später Pressesprecherin der Nationalratspräsidentin und wurde im Herbst 2008 in den Nationalrat gewählt. Der nächste Schritt folgte schnell: Sie wurde am 1. Februar 2009 Kommunikationschefin der SPÖ, und übernahm damit eine sehr einflussreiche Position, die vor ihr Josef Kalina ausgeübt hatte. Kalina hatte immer wieder zwischen Posten in der Politik und in der Kronenzeitung oder deren Umfeld gewechselt.

Silvia Fuhrmann ist „Politikerin", seit sie denken kann. Sogar im Kindergarten und in der Volksschule sei sie schon irgendwie „politisiert" gewesen, erzählte die 27-jährige einmal, die aus einer Politiker-Familie stammt. Die Burgenländerin wurde bereits als Fünfzehnjährige Schulsprecherin auf einem Gymnasium in Eisenstadt. Seither hat sie rund ein Dutzend verschiedener Funktionen im Jugend-

Bereich und in der ÖVP-Jugend bekleidet. Als 20-jährige wurde sie Vorsitzende der Jungen ÖVP; als solche sitzt sie im ÖVP-Parteivorstand. Seit 2002 ist sie Nationalratsabgeordnete, seit Anfang 2009 auch Kultursprecherin ihrer Partei. Auf der Homepage ihres Klubs wird Fuhrmann als Studentin ausgewiesen, eine andere Beschäftigung als die Politik hat sie nie ausgeübt.

Diese Beispiele könnten wieder einmal Anlass zur Klage geben, dass die Parlamente voll sind von Leuten, die „nicht für die Politik, sondern von ihr leben", wie Max Weber sarkastisch angemerkt hat. Aber das wäre unangebracht und nicht mehr zeitgemäß. Man kann an die moderne Parteiendemokratie nicht die Maßstäbe anlegen, die am Ende des 18. Jahrhunderts zur Gründerzeit der USA geherrscht haben, als erfolgreiche Männer hohen Rangs sich für eine Zeit lang der Politik widmeten – und das noch dazu ohne Bezahlung. Sie betrachteten das als einen Dienst am Vaterland, den sie ihm als Angehörige der Oberschicht schuldig zu sein meinten.

In einer Parteiendemokratie wie der unseren sind es die Parteien, die das politische Personal hervorbringen, nicht die Wirtschaft, nicht die Wissenschaft oder das Beamtentum, obwohl es auch immer wieder Zugänge aus diesen Bereichen in die Politik gibt. Die Rückkehr in den früheren Beruf kommt aber dann nur selten vor. Die Regel ist eine Parteikarriere geworden. Man darf ohne Weiteres von der Politik leben, wenn man nur wirklich für sie lebt.

Wer in der Politik etwas werden will, muss ständig präsent sein bei Veranstaltungen, Parteitagen, Sitzungen und Kongressen. Er muss aufzufallen trachten und in die „Gremien" vordringen, bis er eines Tages nicht mehr umgangen werden kann, wenn es darum geht, die „Mandate" zu vergeben, in Gemeinden, auf den Regionallisten und auf den Landeslisten. Wer nie bis in den Kern vorgestoßen ist, aber doch immer dabei war, darf hoffen, eines Tages mit einem Mandat im Bundesrat abgefunden zu werden.

Eigene Ideen, unabhängiges Denken, fundierte Kenntnisse, kritische Haltung sind nicht immer von Vorteil für eine Karriere. Für Jungpolitiker empfiehlt es sich freilich schon, gelegentlich durch Aufmüpfigkeit auf sich aufmerksam zu machen, dabei aber zugleich mit der Kritik am Establishment der eigenen Partei nicht zu weit zu gehen, weshalb sie ihre Eigenständigkeit vorwiegend durch aggressive und unqualifizierte Bemerkungen über politische Gegner zu beweisen suchen. Auf der Linken suchen sich Jungpolitiker häufig durch gesucht utopische Äußerungen aus dem Fundus der eigenen Ideologie zu profilieren, bevor sie dann auf jenen Pragmatismus einschwenken, der sie den Rest ihres politischen Lebens begleiten wird. Ein speziell österreichischer Zugang zur Politik ist der aus einer Interessenvertretung. Das Personal, das aus diesen Bereichen kommt, leistet sich den Luxus profilierter oder gar abweichender Meinungen von vornherein nicht.

Die Klage, dass „nicht mehr die Besten" in die Politik gehen und die Politiker eher eine negative Auslese seien, gehört nicht nur zu den fixen Überzeugungen des Stammtischs, sie wird auch in politologischen Seminaren gelehrt und natürlich in Leitartikeln vertreten. Besonders gängig ist sie unter jenen Gebildeten, die sich selbst zu den Besten zählen, es aber als Zumutung zurückweisen würden, selbst eine politische Aufgabe zu übernehmen. An der Delegitimierung des politischen Personals wirken auch die Zeitungen mit, was insofern unverständlich ist, als die Medien und ihre Akteure in „Symbiose" mit den Politikern leben, also indirekt auch von der Politik, wie Kurt Vorhofer, ein intimer Kenner des österreichischen politischen Betriebs einmal anmerkte.

Die „Politikerbeschimpfung" als literarisch-journalistische Gattung ist dabei weniger schädlich, weil sie ja augenzwinkernd mit dem einig ist, was sie kritisiert, als die pauschale und unterschwellige Delegitimierung der Politiker, weil damit die Politik selbst denunziert wird. Diese Haltung erinnert ein wenig an die bekannte Haltung des: „Recht geschieht mir, warum kauft mir der Vater keine Handschuh‘." Kritik im Einzelnen und an einzelnen Personen – und das nötigenfalls in aller Schärfe – ist selbstverständlich nötig und legitim und demokratiepolitisch unerlässlich.

Politik ist ein Brotberuf geworden, für den man sich aber genauso berufen fühlen kann wie etwa dafür, Lehrer oder Arzt zu werden. Das mag man bedauern, wenn man meint, dass jemand, der es unternimmt „die Hand in die Speichen des Rades der Geschichte" zu legen, eine Art spontanen Anruf des Schicksals fühlen müsse. Die Erfahrungen mit den Quereinsteigern sollten ernüchternd genug sein. Meist verflüchtigt sich der Neuigkeitseffekt solcher Erwerbungen, wenn sich herausstellt, dass ihre bisherige Tätigkeit sie für das Eigentliche des politischen Geschäfts nicht qualifiziert hat, das darin besteht, sich selbst zu etwas zu entschließen und dann zu entscheiden, auch gegen den Willen der eigenen Leute und erst recht der Gegner. In dem Sinne ist Alfred Gusenbauer immer ein Quereinsteiger geblieben. Einsteiger aus dem Sport oder einem anderen Show-Business haben das Problem, dass die Politik nicht ständig jenes Rampenlicht auf sie wirft, das sie gewöhnt sind und sie ihnen deshalb schnell fad wird.

Von der Öffentlichkeit kaum bemerkt, im alltäglichen politischen Betrieb aber von großer Bedeutung ist eine Schicht von meist jüngeren, oft akademisch gebildeten Leuten, die das Umfeld von Politikern bilden und die ausschließlich „von der Politik leben", wenngleich ihre Tätigkeit eine für die Politik ist. Sie arbeiten als Kabinettsmitarbeiter, Pressesprecher, in den Parlamentsklubs und sind Angestellte oder Beamte von politischen Institutionen wie dem Parlament oder den Ministerien und politiknahen Agenturen. Eigentlich aber stehen sie vor allem im Dienste ihrer Partei. Der Einfluss etlicher von ihnen ist kaum zu überschätzen. Über sie läuft der Zugang zum Minister, sie filtern die Informationen, die er bekommt und versorgen die Medien mit Informationen und „Storys". Manche haben sich eine exklusive Stellung als Drehscheibe für Informationen geschaffen, die selbst in der eigenen Partei mit Skepsis, Neid und Misstrauen betrachtet wird.

Neuwahlen und die darauf folgende Regierungsbildung sind immer auch Schlüsselzeiten für dieses Personal. Es ist die Zeit für Karrieresprünge und Entscheidungen über die eigene berufliche Zukunft, wobei der wichtigste Sprung der aus einer unmittelbaren Parteifunktion in eine Tätigkeit in einem Ministerium oder im Parlament ist. Diese Aufgabe ist dann meistens besser bezahlt und verbunden etwa mit den Privilegien eines Parlamentsbediensteten, vor allem aber führt sie in den Bereich der unmittelbaren Machtausübung und bildet damit die Basis für eine spätere Karriere oft in einem staatsnahen Bereich. Eine Arbeit in einem Kabinett verschafft einem Kenntnisse, Einblicke in politische Vorgänge, und nicht zuletzt Kontakte, die für später unschätzbar sind. Man schaue sich nur die Laufbahnen von Mitarbeitern oder gar Kabinettschefs im Bundeskanzleramt an.

Die Sprecher von Politikern sind nicht selten auch deren Berater. Einem von ihnen etwas anzuvertrauen oder zu „stecken" ist oft besser und effektiver als es dem Politiker selbst zu sagen, denn er weiß die günstigste Gelegenheit und den besten Zusammenhang, es anzubringen. Die „Spin-Doktoren" wirken ja in beide Richtungen: Sie geben nicht nur den Themen und Informationen, die die Politiker unters Volk, also praktisch an die Journalisten bringen wollen, jenen „Dreh", der sie interessant machen soll, sondern sie wirken auch als Filter, durch den Politiker Dinge erfahren und die Wirkung ihrer Aussagen, Taten und Unterlassungen in der Öffentlichkeit interpretiert bekommen. Darüber hinaus „erklären" sie den Medienleuten die Intentionen ihrer Chefs. Die höchste Kunst dabei ist es, „Geheimnisse" zum Besten zu geben, die zumindest für solche gehalten werden und doch gleichzeitig keine wirklichen Geheimnisse auszuplaudern. Fast definitionsgemäß erwartet man von diesen Leuten Loyalität und Diskretion und Zurückhaltung mit eigenen Auftritten in der Öffentlichkeit. Es kommt allerdings selten vor, dass aus diesem Kreis selbst jemand Politiker wird. Es mangelt ihnen häufig der „Stallgeruch" und sie machen sich in der eigenen Partei nicht nur beliebt, vor allem aber erscheint es ihnen attraktiver, ihr Wissen und ihre Erfahrungen in wirtschaftlichen Tätigkeiten zu nutzen.

**Besser kein Charisma**

Oder: Der nutzlose und meistens schädliche Begriff des Charismatikers in der Politik.

Das „Humaninstitut", ein nach Eigendefinition „tiefenpsychologisch orientiertes Markt- und Meinungsforschungsinstitut" hat vier Politikertypen definiert und abgefragt, welcher der vier in der „österreichischen Landschaft" am häufigsten vorkommt. „Pragmatiker und Taktiker" liegen danach mit „Schwachmatikern" (vom Institut näher definiert als Neurotiker) gleichauf mit 41 bzw. 42 Prozent. Als „Problemlöser", auch genannt „Anpacker" werden immerhin 15 Prozent eingestuft und lediglich zwei Prozent als Charismatiker. Die Definition der Kategorien ist sichtlich nicht ganz ernst gemeint.

Was man sich unter einem Charismatiker vorzustellen hat, wird nicht näher beschrieben, offensichtlich meinen die Autoren der Studie, das verstehe sich von selbst. Wenn man freilich betrachtet, was die Österreicher unter einem Charismatiker verstehen und wen sie dafür halten, muss man dankbar dafür sein, dass sie nur zwei Prozent der Politiker zu dieser Kategorie zählen.

Der Begriff Charisma kommt aus der griechischen, also neutestamentlichen Bibel und bedeutet Gnadengaben, Gaben des Heiligen Geists. Als solche Gaben werden Weisheit, Erkenntnis, Glaube, Prophetie, Krankenheilungen, Unterscheidung der Geister, Zungenrede und Auslegung der Zungenrede aufgezählt. Man sieht sofort, dass diese Definition für die Politik ungeeignet ist, dabei würde die eine oder andere der genannten Eigenschaften einem Politiker wohl anstehen: etwa Weisheit oder Unterscheidung der Geister. Krankenheilungen überlassen wir trotz aller Mängel unseres Gesundheitssystems doch besser der Medizin. So schwierige Künste wie die Zungenrede wollen wir gar nicht verlangen, obwohl eine ordentliche Beherrschung der deutschen Sprache und die Fähigkeit, sich in der Öffentlichkeit verständlich und in ganzen, zusammenhängenden Sätzen auszudrücken durchaus ein Desiderat an viele Politiker, namentlich die Abgeordneten zum Nationalrat wäre.

Der Unterschied zwischen diesem theologischen Begriff des Charismas und dem politischen, mit dem wie es zu tun haben wollen, kann am einfachsten dadurch beschrieben werden, dass in der Theologie das Wort – griechisch korrekt – auf dem ersten a betont wird, im politischen Gebrauch jedoch auf dem i. Damit ist auch die Ferne zum

Ursprung schon angegeben, denn mit der religiösen Sphäre hat dieser Begriff von Charisma nichts zu tun.

Max Weber unterscheidet bekanntlich zwischen drei Formen legitimer Herrschaft: Der rationalen oder legalen Herrschaft, die auf dem Glauben an die Legalität gesetzter Ordnungen (z. B. Gesetze) beruht; der traditionalen Herrschaft, die durch das Vertrauen in den Bestand von seit jeher geltenden Traditionen zusammengehalten wird, die ihren Trägern Legitimität verschaffen. Und schließlich die charismatische Herrschaft, die auf der „außeralltäglichen Hingabe an die Heiligkeit, Heldenkraft oder Vorbildlichkeit einer Person" und der durch sie geschaffenen Ordnung ruht. Damit gibt er dem Wort eine Dignität, die es im österreichischen Alltagsgebrauch keinesfalls verdient, hier sprechen wir nämlich von einem Charismatiker auch schon dann, wenn er bei einem Fußballmatch gegen Großbritannien zwei Tore schießt, und Österreich dadurch zu einem unverhofften Sieg verhilft, wie der „Wembley-Toni" Fritsch 1965. Gar als „weltbekannter Charismatiker" wird Giovanni Trappatoni, Trainer des SV Salzburg bezeichnet, während Sebastien Loeb zwar ein „großer Rennfahrer, aber kein großer Charismatiker" ist. Was er, außer schnell im Kreis fahren zu können, für Zusatzqualifikationen haben müsste, um ein charismatischer Rennfahrer zu sein, können wir uns schwer vorstellen.

Diktatoren oder autoritäre Herrscher als Charismatiker zu bezeichnen, weigern sich Anstand und Intellekt, obwohl sie natürlich auch oft zu Beginn ihrer politischen Karriere Qualitäten der Führerschaft und Faszination in Rede und politischer Vision ausstrahlten, die nach der Weber'schen Definition das Wesen von charismatischer Herrschaft ausmachen, bevor diese Eigenschaften dann ins Monströse und Verbrecherische gekippt sind. Zumindest von Mao Zedong kann man das sagen und von Fidel

Castro. Populistische Verführer haben freilich häufig den Reiz und die Qualitäten, die Weber nennt, es fehlen ihnen aber fast immer jener Eifer für die Sache und jene Ausdauer, die ebenfalls Weber für die Haupteigenschaft des Politikers hält und „Bohren in harten Brettern" nennt.

Dass Charisma nicht gleichbedeutend damit sein muss, großen Erfolg zu haben, lehrt uns die Erfahrung. Nehmen wir vier erfolgreiche Kanzler: War Bruno Kreisky ein Charismatiker? Auf Josef Klaus und Wolfgang Schüssel hat niemand je diesen Begriff angewendet und Franz Vranitzky würde eine solche Bezeichnung seines Wesens wohl für eine Beleidigung, jedenfalls aber für den Vorwurf mangelnder Ernsthaftigkeit halten. Wenn in einem Zeitungskommentar an einem Politiker „fehlendes Charisma, unpassende Kleidung und falsches Brillenstyling" konstatiert werden, dann wissen wir jedenfalls, dass wir uns Charismatiker in der Politik nicht unbedingt wünschen sollten.

## Anmerkungen

1 (Der Titel ist der einer berühmten Vorlesung von Max Weber, die 1919 als Essay veröffentlicht wurde.)

## 4. Zwischen Politprofi und Legende

### Das kollektive Gedächtnis

Er ist selbst eine Legende und strickt kraft seines Berufes schon seit fünfzig Jahren an den Legenden über andere: Der Architekt und Karikaturist Gustav Peichl. Bei der Vorstellung seines neuesten Buches in der Nationalbibliothek meinte er nostalgisch, er beginne Alfred Gusenbauer schon zu vermissen. Ob nur als lohnendes Objekt der Karikatur oder als politische Erscheinung, blieb offen. Es muss sich aber um Letzteres handeln, denn Objekte für seine Arbeit wachsen dem Karikaturisten immer wieder nach.

Nostalgien verklären sich leicht zu Legenden. Bei Gusenbauer heißt die Legende, die ÖVP habe ihre Niederlage bei der Wahl 2006 nie verwinden können und ihn deshalb in der Koalitionsregierung am Regieren gehindert. Dass die ÖVP die Wahl von 2006 für einen Irrtum der Wähler hielt, ist richtig, Gusenbauer ist aber nicht am Koalitionspartner gescheitert, sondern an seiner eigenen Unlust, die Politik ernsthaft zu betreiben und die Mühen auf sich zu nehmen, die das bereitet. Für Gusenbauer war das Kanzler-Sein eine Art von Lifestyle. Bundeskanzler zu sein, mache ihm „Spaß" sagte er einmal. Das gefiel nicht nur den Karikaturisten, denen er immer ein lustiges Sujet bot, es kam auch der Gefühlslage vieler Menschen entgegen. Das ist es ja, was ihnen unentwegt suggeriert wird: Das Leben lockerer zu nehmen. Warum sollte das nicht auch für die Politik gelten nach den Jahren der Ernsthaftigkeit und ständigen Zumutungen, in denen die Politik ständig Aufmerksamkeit verlangt hatte? Mit Lust und Ausdauer war Gusenbauer überall dabei, wo sich Macht, Einfluss und Geld oder auch nur Adabeis treffen. Die schönste Zeit hatte er naturgemäß als entmachteter Kanzler, als er seiner Reiselust ungehemmt frönen und die übrigen angenehmen Seiten des Amtes genießen konnte. Eine Legende ist aus Gusenbauer deshalb nicht geworden, weil die Zeiten unterdessen zu ernst geworden sind.

Um Franz Vranitzky, den „Nadelstreif-Sozialisten" und Bundeskanzler von 1986 bis 1997, ranken sich keine Legenden. Zu spröde, zu distanziert erschien er den Menschen, auch denen in seiner eigenen Partei. Wenn er einem die Hand gab, hatte man das Gefühl, er wolle einen von sich wegschieben. Geliebt wird so jemand nicht, aber respektiert. Die Aura eines „Bankers" wirkte auch in seiner eigenen Partei, die sicher sein konnte, dass sich hinter der eleganten Kleidung und dem distanzierten Auftreten ein echter und nicht nur ein Salon-Sozialist verbarg. Vranitzky genoss den Ruf der Sachkunde, er war aber kein eigentlicher „Macher", dazu dürfte ihn die Politik auch zu wenig interessiert haben.

Dabei würde es gerade Vranitzky verdienen, Gegenstand einer Legende zu werden, aber das ist ihm versagt geblieben. Unter ihm begann die Privatisierung und damit Sanierung der Verstaatlichten Industrie. Er war zwar nicht die treibende Kraft für den Beitritt Österreichs zur EU, das war Alois Mock, aber es gebührt ihm das Verdienst, seine Partei und die widerstrebenden Gewerkschaften dazu gebracht zu haben, den Beitritt zu akzeptieren. Europa verlieh ihm dafür den bedeutenden Karls-Preis, in Österreich bekam man dafür keinen Preis und bekäme ihn heute schon gar nicht.

## Sinowatz: Nachruhm durch Karikaturen

Der 2008 verstorbene Fred Sinowatz, der von 1983 bis 1986 Bundeskanzler war, verdankt seinen Nachruhm auch Gustav Peichl. Kaum eine Karikatur, auf der er nicht mit einem Glas Wein in der Hand erschien. Dazu kommt jener Ausspruch, der ihn überdauert und ihm viel Spott eingetragen hat, dass in der Politik „alles so kompliziert" sei. Er wird ihm als sympathische Einsicht in die Begrenztheit seiner eigenen Fähigkeiten ausgelegt. Jener harmlosgemütliche Burgenländer, für den er gehalten wird, war Sinowatz freilich überhaupt nicht, vielmehr war er ein doktrinärer Sozialist, der dem Interesse seiner Partei alles unterzuordnen bereit war. In seinem Kabinett wurde die Kampagne gegen Kurt Waldheim ausgeheckt, von dem er im vertrauten Kreis angekündigt hatte, man werde ihm „eine braune Vergangenheit umhängen". Sinowatz trat nach dem Wahlsieg Waldheims konsequenterweise zurück. Als ihn Jahre später ein einflussreicher steirischer Journalist im Bahnhofsbuffet des Südbahnhofs beim Warten auf den Zug nach Neufeld traf (Chefredakteure und Ex-Kanzler fuhren damals noch mit der Eisenbahn) und ihn – wie es sich gehört – mit „Herr Bundeskanzler" anredete, war Sinowatz gerührt und dankbar, dass ihn noch jemand kannte und grüßte.

## Der feine Unterschied: Bundeskanzler oder Kanzler

Die größte Legende der Zweiten Republik ist Bruno Kreisky, Kanzler von 1970 bis 1983. Es gibt eine ganz feine Unterscheidung in der österreichischen politischen Semantik: nämlich die zwischen Bundeskanzler und Kanzler. Bundeskanzler ist der bloße Amtsinhaber, Kanzler ist einer, der einem im Amt schon so vertraut ist, dass man sich einen anderen darin nicht vorstellen kann. Kreisky war so ein Kanzler. Es waren ausgerechnet bürgerliche Journalisten, die diese Legende begründen halfen. „Sonnenkönig", nannten sie ihn, und „Journalistenkanzler". Von Ökonomie und Sozialem verstanden sie genauso wenig wie Kreisky, und sie hielten sich – wie dieser – darauf sogar noch etwas zugute.

Kreisky gelang es, den Mythos des Staatsvertrags und vor allem der Neutralität für sich in Anspruch zu nehmen und beide als sozialistische Errungenschaften auszugeben. Er konnte vergessen machen, dass er selbst und der SPÖ-Teil der Delegation bei den Verhandlungen im April 1955 in Moskau gegen die Neutralität gewesen waren. Von Ludwig Steiner, dem letzten noch lebenden Zeugen der Verhandlungen, kennen wir die dramatische Episode, die sich heute wie eine Anekdote ausnimmt: Vizekanzler Adolf Schärf (SPÖ) sagte am Vorabend des ersten Treffens mit der russischen Seite bei einer Vorbesprechung in der österreichischen Botschaft zu Bundeskanzler Julius Raab von der ÖVP: „Wenn morgen das Wort Neutralität fällt, stehen wir vom Tisch auf und fliegen nach Wien zurück." Raab sagte das Wort bekanntlich trotzdem und die Sozialisten blieben.

Die strukturelle Modernisierung Österreichs, die heute mit dem Namen Kreisky verbunden wird, hatte schon unter seinem Vorgänger, Josef Klaus und dessen Finanzminister Stephan Koren begonnen. Koren hinterließ vor allem auch solide Finanzen. Sie reichten aber nicht aus, um jenen am skandinavischen Vorbild orientierten Wohlfahrtsstaat zu finanzieren, den Kreisky im Auge hatte. Am

Beginn der Ära Kreisky betrug die Staatsschuld 45 Milliarden Schilling, am Ende kostete allein der Schuldendienst pro Jahr so viel.

Zu Viktor Klima fällt einem wenig ein. Im Rückblick erweist sich dessen dreijährige Kanzlerschaft als Vorspiel, wenn nicht überhaupt schon als Teil der folgenden Kanzlerschaft Wolfgang Schüssels. Der Vizekanzler und Außenminister bestimmte die Dinge, Klima nahm dankbar an, was Schüssel vorschlug und ihm beim Dienstag-Frühstück vor dem Ministerrat servierte. Die Welt der Politik blieb Klima fremd, für die inneren Befindlichkeiten seiner Partei, der SPÖ hatte er zu wenig Gefühl, der Spagat zwischen Regierung und Parteivorsitz zerriss ihn zuletzt. Darin ist sein Schicksal dem Alfred Gusenbauers ähnlich, nur hat er es nicht so frivol herbeigeführt wie dieser.

**Der gesprächige „Schweigekanzler"**
Bei niemandem sonst ist die journalistische Legendenbildung so erfolgreich gewesen wie bei Wolfgang Schüssel, freilich nicht im positiven Sinn wegen seiner unbestreitbaren großen Leistungen, sondern weil es gelang, diese Erfolge zu überdecken durch ein negatives Image. Es wurde ihm das Epitheton „schmallippig" gegeben und für den sehr gesprächigen Menschen das Wort vom „Schweigekanzler" erfunden, weil er sich sehr zum Verdruss der Medien nicht zu einem Konflikt mit seinem Koalitionspartner Jörg Haider provozieren ließ. Schüssels Kanzlerschaft und eine schwarz-blaue Koalition erschien der Linken als ein Tabubruch. Die Sanktionen der EU-14 wurden aber nicht deshalb inszeniert, weil Schüssel die FPÖ in die Regierung genommen, sondern weil er die SPÖ aus der Regierung gedrängt hatte. Wie er die Sanktionen bewältigte und sich europaweit Respekt verschaffte, brachte ihm zwar 2002

einen fulminanten Wahlsieg ein, aber zur Legende ließ ihn das nicht einmal in seiner eigenen Partei werden, der es dann nicht schnell genug gehen konnte, sich von dem Mann zu distanzieren, der ihr nach dreißig Jahren wieder einmal in Erinnerung gerufen hatte, dass es auch einen Bundeskanzler von der ÖVP geben kann.

### „Wann's mi außetragn auf an hölzern Schrag'n" – Jörg Haider und die Kärntner Seele

In Kärnten wogten die Lichtermeere. Junge Leute, die vermutlich noch nie etwas von einem Kondolenzbuch gehört hatten, stellten sich in Schlangen an und warteten geduldig, um ihrem Jörgl ein paar Abschiedsworte schreiben zu können. Alte Leute schämten sich ihrer Tränen auch vor der TV-Kamera nicht. Die Bilder davon kamen am Abend des Todestages übers Fernsehen nach ganz Österreich und rührten die Menschen. Die Ideologen der ZIB 2 interessierte das alles freilich nicht. Sie wollten nichts von den Gefühlen der Menschen wissen und suchten keine Erklärung für die Wirkung dieses Politikers. In ihrer Arroganz gingen sie über die Trauer der Kärntner hinweg und legten stattdessen zum hundertsten Mal die abgespielte Anti-Faschismus-Walze auf.

Was war es um diesen Jörg Haider und seine Landsleute? Woher kommt die Faszination dieses so problematischen Mannes auf so viele Menschen? Auch Menschen, die mit ihm politisch nichts zu tun haben wollten und ihn nie gewählt haben, konnten sich seiner Attraktion schwer entziehen und trauerten um ihn. Wie kann es sein, dass ein ganzes Land in einen kollektiven emotionalen Ausnahmezustand fällt, und dass womöglich die selbstmörderische Verantwortungslosigkeit, die ihm den Tod gebracht hat, seinen Mythos noch verstärkt hat?

Haider war kein geborener Kärntner und er hat sich in den vielen Jahren im Land auch nicht den Kärntner Dialekt angewöhnt. Das harte Oberösterreichisch in seiner Sprache war kaum gemildert durch Kärntner Weichheit. Die Oberösterreicher sind ein anderer Schlag als die zur Melancholie und Sentimentalität neigenden Kärntner. Sie sind direkter, zupackender, schonungsloser, auch machtbewusster. „Er hat in einer anderen Liga gespielt als wir", sagte einer seiner Vorgänger als Landeshauptmann. Diese Willensstärke, die Durchsetzungskraft könnte die Anziehung erklären, die er auf seine Landsleute ausgeübt hat.

Seine Herkunft prädestinierte ihn freilich für eine politische Karriere gerade in Kärnten. Er kam aus einem „nationalen" Elternhaus. Die Grundstimmung der Kärntner Politik war ihm also nicht fremd. „Er hat der Kärntner Seele entsprochen", sagte jemand, der keine politischen Sympathien für ihn hatte. Was die berühmte Kärntner Seele ist, dürften die Kärntner selbst nicht so genau wissen, jemand von außen kann sich erst recht nur eine Ahnung davon machen. Einem Land, das nie im Zentrum stand, immer an der Peripherie der drei Kulturkreise lag, denen es angehört, hat Haider ein Selbstbewusstsein gegeben, das es nie gekannt hatte: Eine glamouröse Gestalt, mit einer seltenen Rednergabe ausgestattet, die auch eine gewisse Weltläufigkeit ausstrahlte, spielte auch außerhalb Kärntens eine Rolle. Wann hätte sich je zuvor ein Kärntner in Wien so Gehör zu verschaffen gewusst wie Haider?

Wer wollte da gern auf die andere Seite schauen? Auf die Geltungssucht, wie sie sich in den nutzlosen Reisen zu Gaddafi oder Saddam Hussein äußerte. Auf das Getriebensein und Nicht-genug-Bekommen, die Phasen der Depression und Selbstzweifel, den Hang zur Selbstzerstörung, über den in den Tagen nach seinem Tod viel geredet worden ist. Auch auf die höchste ambivalente politische

Bilanz, die wenig Anlass zur Hagiografie gibt. Kärnten ist hoch verschuldet, einen Fortschritt hat Haider mit seiner paternalistischen Sozialpolitik dem Land nicht gebracht. Er war ein Genie des Augenblicks.

Haider sei mutlos gewesen, schrieb der Österreich-Korrespondent einer deutschen Zeitung. Das war er genau nicht. Was ist Mut in der Politik? Sich zuzutrauen, ein Sieger zu werden, ein Parteiführer, ein Landeshauptmann, Bundeskanzler vielleicht. War es nicht Mut, in Innsbruck das Establishment der alten FPÖ herauszufordern und eine Kampfabstimmung um einen neuen Kurs und die Führung der FPÖ zu suchen? War es nicht Mut, 1999 mit der FPÖ in die Regierung zu gehen mit dem Risiko, bei der nächsten Wahl massiv an Stimmen zu verlieren? Haider traf diese Entscheidung ganz allein gegen den Rat seiner Freunde und der gesamten Parteiführung. Es war nicht mangelnder Mut, sondern richtige Selbsteinschätzung, dass er selbst nicht Kanzler werden wollte: Er wusste, dass er „als Person zu beschädigt" war, wie er einem Freund einmal gestand.

War es nicht Mut, eine Lösung für die Ortstafeln anzustreben, die von vielen Kärntnern beileibe nicht nur auf Haiders Seite des politischen Spektrums, als nationale Selbstaufgabe gesehen wurde? Hier setzte er das ganze Prestige ein, das er besaß. In einer Frage der „nationalen Ehre" und Emotion kann nur ein rechter Politiker es wagen, Konzessionen zu machen. Er kannte das Risiko, das er damit einging. Seitdem Hans Sima 1974 an der Ortstafelfrage gescheitert war, traute sich kein Kärntner Politiker mehr an dieses Thema heran, weder der Rote Leopold Wagner noch der Schwarze Christoph Zernatto.

Haider wagte es. Ist so jemand ohne Mut? Aus dem „historischen Kompromiss" ist nichts geworden, weil die SPÖ einige Monate vor der Wahl 2006 der regierenden schwarz-orangen Koalition und vor allem Wolfgang Schüssel diesen Erfolg nicht gönnen wollte. Dass Haider darauf reagiert hat, indem er von nun alles blockierte, was mit Ortstafeln zu tun hatte, und sich gegen den Verfassungsgerichtshof stellte, gehört auch zu seiner Person.

„Er hat die Menschen gern gehabt", sagte eine einflussreiche Managerin in Wien, die politisch weder für das BZÖ noch gar für die FPÖ etwas übrig hat, und dass hätten die Menschen gespürt: „Von wem in den anderen Parteien könnte man das so sagen?" Haider redete gern mit den Leuten und er konnte geduldig und aufmerksam zuhören, auch dann, wenn seine Umgebung schon längst keine Lust mehr hatte, irgendwo in einem Gasthaus noch nach Mitternacht herumzusitzen. Er konnte jedem Gesprächspartner das Gefühl geben, in diesem Augenblick der Wichtigste zu sein.

Aus diesen Gesprächen wusste er, was den Leuten unter den Nägeln brennt und daraus bezog er sein untrügliches Gespür und Wissen um die Stimmungen im Land. Widersetzen durfte man sich der verbrüdernden Überwältigung durch ihn freilich nicht. Es verstörte ihn, wenn sich jemand dem Du-Wort verweigerte, das er automatisch verwendete oder wenn man nicht gleich freundschaftlich mit ihm anstoßen wollte und damit zu erkennen gab, dass man sich seinem Herrschaftswillen entzog. Er wollte geliebt werden und dominieren zugleich.

Die Kärntner haben einen starken Hang zur Ästhetik, auch zum äußeren Schein. Sie sind unendlich verliebt in die magische Schönheit ihres Landes und die Stimmungen der Natur über die Jahreszeiten hinweg. Da war es symbolisch, dass der Abschied von Haider gerade in die melancholische Herbstzeit fiel. Die Kärntner lieben die tiefe Sinnlichkeit in den schönen Bildern ihrer großen Maler, von Boeckl bis Hollegha und Cornelius Kolig. Mehr als anderswo bedeuten hier die in Udine, Mestre oder Mailand gekauften Kleider und Möbel oder das schicke Auto.

Haider spürte das alles und verkörperte es traumwandlerisch, obwohl ihm die Kunst wenig bedeutete. Aber mit seinen Verkleidungs- und Verwandlungskünsten, seinen Moden und Spleens, mit seinem Drang, ewig jung und schön zu bleiben, antwortete er instinktiv darauf. Noch wenige Stunden vor dem Tod wechselte er von der Tracht, die am 10. Oktober die Pflichtkleidung des Kärntners ist, in eine legere Party-Jacke aus feinem Leder. Den Kärntner Anzug hat er aus einem biederen ländlichen Folklorestück zu einer auffallenden Ethno-Mode gemacht.

Als er nach Kärnten kam, hat Haider einen Gesangskurs gemacht. Er wollte mitsingen können, wenn das liebessüchtige „I hab' die gern" angestimmt wurde, oder das melancholische „Is scho still uman See" erklang oder bei Begräbnissen am Land der Sarg niedergestellt wurde und das todesverliebte „Wenn's mi außetragn auf an hölzern Schrag'n, bleibt's in da Sunnaseitn nomal steh'n" über die Wiesen und Felder verklang.

Peter Filzmaier | Kathrin Hämmerle | Peter Plaikner

# 5. Prominente Quereinsteiger

Promi-Politik ist Titel eines Buches und der Dissertation von Zeit im Bild-Moderator Armin Wolf. Dieser hat sich mit politischen Quereinsteigern von Abfahrtsolympiasieger Patrick Ortlieb (FPÖ) bis zu Hans-Peter Martin (damals noch für die SPÖ) auseinandergesetzt.

Wolfs Fazit: Promis bilanzieren als Kandidaten bedingt positiv, als Politiker noch bedingter. Sie sind über den Stil in der Politik und in den Parteien frustriert – und setzen sich durch, wenn ihnen der Anpassungsprozess gelingt. Nur ein Viertel gilt als politisch erfolgreich. Ihre Stärke ist die Kommunikation, Schwächen sind fachliche und soziale Kompetenz.

Mitunter liegt der Verdacht puren Name-Droppings nahe. Wenn es darum ginge, dass alle Berufsgruppen im Parlament vertreten sind, müssten überraschend Fleischhauer und Putzpersonal auf der ÖVP-Liste auftauchen. In der Partei wären diese auch nicht unbeliebter als Promis. Das liegt weniger an der Neigung Letzterer zum Narzissmus, als an den parteilichen Pyramidenstrukturen. Oben ist der Vorstand, ganz unten sind die Bezirks- und Sprengelorganisationen. Funktionäre der Basis müssen eine Klettertour starten. Quereinsteiger treten mindestens einen Raufkraxler wieder hinunter.

Da es ohnehin unmöglich ist, dass alle an die Spitze gelangen, suchen Möchtegern-Bergfexe nach Sündenböcken. Promis bieten sich dafür auf dem Silbertablett an. Zugleich ist die Idee, dass politisch-inhaltliche Erfahrung als Kriterium für ein Mandat gelten soll, nicht unlogisch. Der Protest von qualifizierten Verstoßenen ist demnach mehr als berechtigt.

Die Wahlforschung ist übrigens noch skeptischer als Armin Wolf. Eine empirisch belegte Verbesserung des Ergebnisses einer Partei durch Promis gibt es kaum. Die Datenlage wies 2002 trotz Umfragehochs keine SPÖ-Zusatzstimmen durch Josef Broukal aus. Karl-Heinz Grasser war wirksamer, weil die Themenlandschaft mehr bestimmend, doch ein Promi-Umsteiger und kein Quereinsteiger. Der Rest zählt zur Wahlkampffolklore. Besser wäre es, auf jeder Landesliste an unwählbarer Stelle einen unechten Hermann Maier zu platzieren, und um Vorzugsstimmen zu werben. Die Irrtumswahrscheinlichkeit ist groß genug.

Die Wähler haben wenig Einfluss auf die Auswahl ihrer Vertreter. Die Auswahl des politischen Personals erfolgt durch die Parteien. Dieses Listenwahlrecht bietet den Vorteil, dass sich eine Partei nach Kompetenzen ausgewogen ein Team suchen kann. Dass verschiedene Talente sich ergänzen, dass auch uncharismatische, aber notwendige Experten in einem Parlament sitzen. Der Nachteil ist das Ohnmachtsgefühl der Wähler, die einen fertigen Mix vorgesetzt bekommen. Ein Listenwahlrecht erhöht prinzipiell aber den Anteil von Minderheitenvertretern und jenen von Frauen in Parlamenten. Kaum eine Partei kann es sich heute noch leisten, eine Nullquote auf den Listen zu bieten. Ob sich allerdings Frauen, Experten oder Minderheiten auch im direkten Duell eines Mehrheitswahlrechts durchsetzen können, ist fraglicher.

Die Entscheidungsmacht der Wähler ist auch beim Mehrheitswahlrecht, das eine Auswahl von Personen bedingt, nur relativ. Meist triumphiert dann doch die Parteiloyalität über die persönliche Sympathie für einen der Kandidaten. Soll heißen, auch wenn mir eine Kandidatin lieber ist, wähle ich dennoch den meiner mir näher stehenden Partei.

# IV. Von der Vision zur Realität

*"Aufhetzen? Nicht mit mir"*
*(Die Grünen)*

Josef Broukal

# 1. Warum dieser Text?

Am Montag, dem 6. Juli 2008, um 13 Uhr 15, war meine politische Karriere zu Ende. Josef Cap teilte mir mit, dass die SPÖ die Studiengebühren nicht gegen den Willen der ÖVP abschaffen werde. Das habe das SPÖ-Präsidium gerade beschlossen. Nicht ganz drei Monate vorher, am 8. April 2008, hatte dasselbe Präsidium mir durch Cap aufgetragen, einen Antrag auf Abschaffung der Studiengebühren einzubringen, und zwar für den Fall des Endes der Koalition oder des Auslaufens der Gesetzgebungsperiode. Ich hatte daraufhin sorgsam den Boden aufbereitet und bei Grünen und Freiheitlichen Unterstützung gefunden. Beide veranstalteten die übliche parlamentarische Neckerei und stellten meinen Antrag im Mai und Juni im Plenum zur Abstimmung. Beide Male stimmte ich brav dagegen, immer mit dem Kommentar „Danke, dass Sie noch an Bord sind. Der letzte Tag der Koalition kommt bestimmt." Und dann, an genau diesem schneller als erwartet gekommenen Tag, verließ die SPÖ-Präsidien der politische Mut. Die Folge: Innerhalb von 90 Tagen hätte ich zum dritten Mal gegen meinen eigenen Antrag stimmen müssen. Das war mir genau einmal zu viel.

An Angeboten, meinen Frust in Interviews abzuladen, fehlte es nicht. Ich habe mich dem verweigert. Ich will auch in diesem Text nicht über die Politik der SPÖ schreiben oder meine intime Kenntnis vieler Vorkommnisse und führender Personen ausschlachten. Ich habe die sechs Jahre in der Politik so genossen, wie es mit meinem Naturell möglich ist. Ich habe viel Hilfsbereitschaft erfahren, viel Aufmunterung erhalten. Dass ich immer auch ein rastlos-unzufriedener Geist war, dem alles zu langsam ging, haben meine Freunde im SPÖ-Klub mit Humor und Verständnis ertragen.

Politik ist eine kollektive Veranstaltung und Journalisten sind Einzelgänger. Mit diesem Widerspruch bin ich nicht immer fertig geworden. Manchmal war mir meine eigene Meinung wichtiger als die Linie der Parteioberen. Dann habe ich, auch öffentlich, einen Baum aufgestellt. Um es, leicht abgewandelt, mit einem bekannten Filmtitel zu sagen: „Besser ging's nicht".

Zusammen mit Erwin Niederwieser, Kurt Schober, Dominik Pezenka[1] und vielen anderen habe ich an schönen Erfolgen mitarbeiten können. Zunächst ging es darum, nach den alarmierenden PISA-Daten von 2003 Konzepte für eine neue Schule zu entwickeln, während Bildungsministerin Elisabeth Gehrer verteidigte, was nicht zu verteidigen war. In dieser Zeit entstand ein Bildungsprogramm, dessen Redaktion ich übernahm. Dann ging es darum, nach Jahren des Fast-Kaputt-Sparens den Universitäten und den Studierenden eine neue Perspektive zu bieten. Die Meinungsforschung zeigte, dass die Menschen der SPÖ vor der Nationalratswahl 2006 in Sachen Bildung mehr zutrauten als der ÖVP, obwohl diese das zuständige Ministerium mit all seinen Darstellungsmöglichkeiten zur Verfügung hatte. Für Erwin, Kurt, Dominik und mich recht schmeichelhaft war der Befund der Wahlforscher, dass die Bildungs- und Uni-Politik der SPÖ die zwei, drei Mandate mehr gebracht hatte, die ihr den Kanzleranspruch einbrachten.

Im Koalitionsabkommen vom Jänner 2007 hatte Erwin Niederwieser eine Reihe von SPÖ-Positionen unterbringen können: Aufhebung der unseligen Alleinherrschaft der „ordentlichen" Professoren in den Universitätssenaten, Wiedereinführung von Mitbestimmung, finanzieller Ausbau der Unis. Leider stellte sich heraus, dass Wissenschaftsminister Hahn das von ihm unterschriebene Koalitionsabkommen nicht wirklich umsetzen wollte. Das führte zu immer schärferen Auseinandersetzungen bis hin zu einem SPÖ-Gegenentwurf zu Hahns missglückter und allgemein abgelehnter Novelle des Universitätsgesetzes.

Am 7. Juli 2008, einen Tag nach meinem Rücktritt als stellvertretender Klubobmann, machte mir Alfred Gusenbauer ein großes Kompliment: Gegen Gehrer in den Medien zu reüssieren sei eine leichte Übung gewesen, aber ich hätte es auch geschafft, von der Öffentlichkeit und an den Universitäten als gleichwertiger Partner von Minister Hahn wahrgenommen zu werden.

Genug. Mit diesem Text möchte ich dem österreichischen Parlament und seinen Abgeordneten einen Dienst erweisen. Ich will schildern, wie wenig die Republik Österreich für ihre Abgeordneten tut. Ich will über die inferioren Arbeitsbedingungen berichten, unter denen es Abgeordnete mit Ministerkabinetten und Beamtenscharen aufnehmen müssen. Ich will erzählen, wie präpotent Ministerbüros mit den Mandataren umgehen. Und ich will schildern, wie Abgeordnete damit leben müssen, dass noch in laufender Sitzung gröbste Änderungen, etwa im Bereich der bürgerlichen Grundrechte, von Minister- und Klubsekretären ausgehandelt und ohne jede Prüfung und Reflexion durch den Nationalrat gepeitscht werden.

Dieser Text verwendet durchgängig die männliche Form von Begriffen wie „Abgeordneter" oder „Mandatar". Dies ist ausschließlich der besseren Lesbarkeit des Textes geschuldet. Gemeint sind immer auch die Frauen.

Josef Broukal

# 2. (Fast) alles Recht geht von der Regierung aus

Das österreichische Parlament ist ein sehr unterentwickeltes Organ des Staates. Es fehlt ihm an Ressourcen, und obwohl das Parlament in der komfortablen Situation wäre, keine Regierung fragen zu müssen, wenn es sich per Gesetz bessere Arbeitsmöglichkeiten schaffen wollte, geschieht dies nicht. Besser und unabhängig informierte Abgeordnete würden den in der Regierung sitzenden Parteioberen das Leben schwer machen – was nicht im Sinn der Parteiführungen sein kann.[2] Da die Klubobleute und Nationalratspräsidenten ebenfalls zur Spitze ihrer Parteien zählen, stehen sie beim Ausbau von Abgeordnetenrechten stets vor der klassischen Nestroy'schen Frage „Wer ist stärker – i oder i?". Eine Antwort im Sinn des Parlaments ist nach meiner Beobachtung selten.

Aber glauben Sie nicht mir, glauben Sie einer Frau, die es viel genauer weiß als ich, der Nationalratspräsidentin Barbara Prammer. „Wenn Sie einen Wunsch frei hätten – wie würde der lauten?" fragt Andreas Koller Frau Prammer in den „Salzburger Nachrichten" vom 14. August 2008. Die Antwort ist erhellend:

*„Die Emanzipation des Parlaments gegenüber der Regierung weiterzuentwickeln. Das Parlament muss auf gleicher Augenhöhe mit der Regierung arbeiten können."*

Emanzipation steht, laut Wikipedia, für einen Akt der Selbstbefreiung aus Abhängigkeiten, der einen Zugewinn an eigenständigen Handlungsmöglichkeiten bringt. Also kann, nach Prammers präziser und intimer Kenntnis der Verhältnisse, das österreichische Parlament derzeit nicht tun und lassen, was es will, sondern ist von der Regierung abhängig, zu deren Kontrolle es berufen ist. Und in der Tat bestätigt Prammer das in ihrem zweiten Satz. Das Parlament, das etwas können muss, nämlich auf Augenhöhe mit der Regierung arbeiten, kann es offenbar derzeit nicht.

Das stellt die österreichische Verfassung auf den Kopf. Dort nämlich ist die Regierung von der fortgesetzten Duldung des Parlaments abhängig. Um das Bild von der Augenhöhe nochmals zu verwenden: Nach der Bundesverfassung müsste das Parlament die größere Augenhöhe haben, sozusagen auf die Regierung hinunterschauen, weil es die Aufsicht über die Regierung hat. In der Realverfassung ist es genau umgekehrt: Die Regierung hat sich vom Parlament weitgehend emanzipiert. Wenn Minister rituell ihre Reden im Plenarsaal mit den Worten „Hohes Haus" beginnen, dann glaubt niemand im Raum daran, dass sie das auch nur eine Sekunde so meinen. In Wahrheit stört der Laden den ruhigen Gang der Geschäfte. Wer sich drei Stunden lang während einer dringlichen Anfrage von Oppositionsabgeordneten durchschütteln lassen muss, denkt sehnsüchtig an die freundlich-aufmerksame Dienstbereitschaft der Beamtenschaft im Ministerium. Wer mit Pauken und Trompeten in Paris und Berlin als Staatsgast hofiert wird, kann ganz gut ohne die Verbalinjurien eines Provinz-Rabauken leben, der vom Rednerpult aus ohne Maß und Ziel seinen Mund als Dreschflegel einsetzt.

Wenn Fernsehen, Radio und Zeitungsleute dabei sind, wird meistens die Form gewahrt. Abseits der öffentlichen

Aufmerksamkeit aber wird „Wir da oben, ihr da unten" gespielt. Da kann es schon passieren, dass ein Minister ein Gesetz, dass ihm nicht passt, von der Regierungsbank aus als „Schwachsinn" bezeichnet.[3]

## 3. Minister unterlaufen das Fragerecht

Abgeordnete haben das Recht, Kanzler und Minister zu allem, was diese dienstlich tun oder was in ihrem Namen und Auftrag getan wird, zur Rede zu stellen. Die Geschäftsordnung des Nationalrats legt fest:

> *„Der Nationalrat ist befugt, die Geschäftsführung der Bundesregierung zu überprüfen, deren Mitglieder über alle Gegenstände der Vollziehung zu befragen und alle einschlägigen Auskünfte zu verlangen. Diesem Fragerecht unterliegen insbesondere Regierungsakte sowie Angelegenheiten der behördlichen Verwaltung oder der Verwaltung des Bundes als Träger von Privatrechten."*[4]

Leider haben die Schöpfer des Geschäftsordnungsgesetzes nicht mit Unlust und Unwillen der Befragten gerechnet. Die Vorschrift:

> „Der Befragte *hat innerhalb von zwei Monaten* nach Übergabe der Anfrage an den Präsidenten mündlich oder schriftlich zu antworten" *(Meine Hervorhebung, JB)*

wird in der Praxis oft so interpretiert, dass die Antwort, egal, wie rasch sie zur Hand ist, erst am letzten Tag der

Frist erteilt wird. Angenommen, sie fragen den Wissenschaftsminister, auf wie viele Studierende der Psychologie ein akademischer Lehrer kommt. Exakt acht Wochen später erhalten sie die Antwort: Das weiß ich nicht und muss es auch nicht wissen, weil das Gesetz die Universitäten nicht verpflichtet, diese Zahlen bekannt zu geben. Das hat man dort schon am Tag des Einlangens der Anfrage gewusst. Während eines langen Fluges erzählt mir ein Sektionschef: Bei uns wird ganz automatisch jede Antwort ans Parlament erst am letzten Tag der Frist versendet. Ganz so arg ist es nicht. Manchmal kommen Antworten schon ein paar Tage vorher…

Einfache Bürger haben es da bei Anfragen leichter. Das für sie geschaffene „Auskunftspflichtgesetz" schreibt in seinem Paragrafen 3 vor:

*„Auskünfte sind ohne unnötigen Aufschub … zu erteilen."*

Vielleicht sollte man das auch den Abgeordneten gegenüber so festlegen …

Abgeordneter Johann Maier aus Salzburg stellt an alle Minister eine interessante Frage: Wie viele Verfahren wegen Amtshaftung sind in Ihrem Ministerium anhängig? Alle Minister antworten – bis auf eine: Ausgerechnet die Innenministerin verweigert sich. Ministerin Fekter lässt Maier ausrichten, in ihrem Ministerium sei diese Zahl nicht bekannt. Soll man wirklich glauben, dass ausgerechnet dort, wo Amtshaftung oft nach Polizeiübergriffen zum Tragen kommt, niemand eine Übersicht über diese Vorkommnisse hat? Nein, hier wird vermutlich unsauber arbeitenden Polizisten die Mauer gemacht. Und der fragende Abgeordnete kann schauen, ob sich ein Journalist seiner erbarmt und über diesen Skandal schreibt oder ob er die Antwortverweigerung ohnmächtig zur Kenntnis nehmen muss.

Oder: Rechtsanwalt Paul Delazer aus Innsbruck braucht Hilfe. Seiner Ansicht nach beurteilt die Tiroler Fremdenpolizei eine Rechtsfrage gesetzwidrig. Die Polizei beruft sich auf ein Handbuch des Innenministeriums, aus dem sie ihre Rechtsansicht bezieht. Die Einsicht in das Handbuch wird dem Anwalt verweigert. Also erfolgt am 27. Juni 2007 die Anfrage an den Innenminister mit Ersuchen um Übermittlung aller Anweisungen zum Vollzug des Niederlassungs- und Aufenthaltsgesetzes. Nach fast acht Wochen – aber das kennen Sie ja schon – die Antwort: Die Übermittlung würde zu einem unverhältnismäßig hohen Verwaltungsaufwand führen, daher muss Platter „von einer weitergehenden Beantwortung und der Übermittlung der Volltexte Abstand nehmen". Immerhin stellt Minister Platter seiner Meinung nach für mich „relevante" Teile des Handbuchs zur Verfügung.[5] Was relevant ist, entscheidet er. Ob es nicht auch andere relevante Teile gibt, kann ich mangels des verweigerten vollen Textes nicht überprüfen. Das ist so ungeheuerlich, dass sogar die „Zeit im Bild" darüber berichtet. Schließlich erbarmt sich eine gute Seele und schickt mir anonym eine Kopie des Handbuchs. Parallel erhalten auch die Grünen eines, scannen es ein und stellen es ins Internet.

Wie wenig das Anfragerecht von Abgeordneten von den Ministern und Beamten geachtet wird, zeigt der folgende Fall: Nach dem SPÖ-Wahlsieg vom 1. Oktober 2006 bereite ich mich auf Koalitionsverhandlungen vor. Schon am Montag, dem 2. Oktober 2006 frage ich beim zuständigen Sektionschef im Wissenschaftsministerium nach, wie viele Studierende denn Studienbeihilfen in welcher Höhe bekommen – nach Dezilen geordnet. Nach 14 Tagen ruft der Kabinettschef von Ministerin Gehrer zurück. Auch wenn wir demnächst Regierungsverhandlungen führen werden: rasche, informelle Auskunft gibt's keine. Ich könne aber eine parlamentarische Anfrage stellen. Ich aber will diese Daten unbedingt schnell haben und stelle eine Bürgeranfrage nach dem Auskunftspflichtgesetz an Ministerin Gehrer. Weil diese – aber das wissen Sie ja jetzt schon – im Gegensatz zur Anfrage eines Abgeordneten „ohne unnötigen Aufschub" zu beantworten ist und die erste Verhandlungsrunde vor der Tür steht. Ein paar Wochen später kommt an meine Privatadresse kiloschwere Post. Gehrer schickt mir den mehrbändigen Hochschulbericht 2002 – inaktuell und keine Antwort auf das, was ich wissen will.

Weil in den Jahren 2007 und 2008 die Studienbeihilfen (nach acht Jahren!) endlich erhöht werden sollen, habe ich weiter Interesse an diesem Thema. Ich stelle daher in einer parlamentarischen Anfrage am 12. Juni 2007 an Gehrers Nachfolger Hahn unter anderem die Frage:

*„Wie hoch war der tatsächlich ausbezahlte Betrag an Studienbeihilfe, wenn die Auszahlungen der Höhe nach geordnet und dann nach Dezilen unterteilt werden, im Durchschnitt jedes Dezils?"*[6]

Am 1. August 2007, also nur 49 Tage später, erhalte ich die Antwort:

*„Eine durchschnittliche Berechnung je Dezil ist nicht möglich ..."*[7]

Ich stehe vor einem Rätsel. Da erstellt man jeden Monat einen elektronischen Datenträger, auf dem jeder einzelne Überweisungsbetrag angeführt wird. Löscht man aus dem Anweisungsfile die Datenfelder mit den persönlichen Angaben, dann bleibt pro Überweisung nur noch der Betrag über. Diese aufsteigend zu sortieren, die sortierte Liste in zehn Teile zu teilen und für jeden Teil den Durchschnitt zu berechnen, kann ja keine Hexerei sein. Die Antwort des Wissenschaftsministers beleidigt nicht nur gesunden Menschenverstand, sie beleidigt auch mich als EDV-Freak. Ich beschließe, die Sache EDV-technisch anzugehen und frage Minister Hahn am 7. November 2007 nach dem Aufbau der Datenfiles, die die Grundlage der monatlichen Überweisungen an Studienbeihilfe bilden.[8]

*„Auf welche Weise (händisch durch Einzelanweisung, per Datenfile, per Telebanking oder auf welchem anderen Weg) erhalten jene Banken oder Dienststellen des Bundes, die die Gelder für Studienbeihilfen oder Studienzuschüsse verwalten oder bereitstellen, den Auftrag zur Auszahlung jeder einzelnen Beihilfe bzw. jedes einzelnen Zuschusses? Falls Aufträge per Datenfile, Telebanking oder auf einem anderen elektronischen Weg erfolgen:*
*a) Wie ist der Aufbau der Datendatei?*
*b) Auf welche Weise ist bei jedem einzelnen Datensatz der Auszahlungsbetrag von den übrigen Informationen (Name, Kontoverbindung, Zahlungsgrund etc.) getrennt? Werden dafür Separatoren verwendet? Gibt es fixe Feldlängen?*
*c) Welche Logik müssen die lesenden Programme in den Banken verwenden, um die Zifferfolge des Auszahlungsbetrages unter den Ziffern, Buchstaben und Zeichen eines Datensatzes mit Sicherheit zu finden?"*

Die geschwollenen Formulierungen im ersten Absatz („jene Banken oder Dienststellen des Bundes, die die Gelder ... verwalten oder bereitstellen") muss man als Abgeordneter deshalb verwenden, damit der Minister nicht einfach zurückschreiben kann: „Falsche Frage – mein Ministerium weist nicht an".

Immerhin merken jetzt Hahn und seine Leute, dass die Zeit der Ausflüchte zu Ende ist. Ich erhalte am 13. Dezember 2007 tatsächlich detaillierte Auskunft über die Datensätze eines Monats zur Überweisung der Studienbeihilfen und Studienzuschüsse.[9]

Eine kleine Gemeinheit geht sich noch aus: Obwohl ich in meiner Anfrage geschrieben hatte:

> *„Da der Ausdruck von etwa 50.000 Beträgen mehrere hundert Seiten lang ist, wird der Bundesminister für Wissenschaft und Forschung ersucht, die erbetenen Informationen auf elektronischem Datenträger zu übermitteln oder an einer öffentlich zugänglichen Unterseite der Webpräsenz des BMWF zu hinterlegen"*

bekomme ich die mehreren zehntausend Anweisungszeilen eines Monats – *auf Papier*. Genau 758 Seiten ist die Liste lang. Eine Durchschnittsberechnung nach Dezilen ist wieder nicht enthalten. 14 Monate, nachdem ich zum ersten Mal detaillierte Aufschlüsselungen über die Höhe der Studienbeihilfenanweisungen haben wollte, bin ich immer noch nicht am Ziel. Erst wenn ich jemanden finde und zahle, der 50.000 Beträge in ein Excel-File eintippt, käme ich zu den Durchschnittszahlen.

Dabei hat man im Ministerium längst eine CD mit den Daten gebrannt. Sie wird mir einige Tage später vom Kabinettschef des Wissenschaftsministers gönnerhaft überreicht. Unerträglich, finden Sie nicht auch? So kann ich erst am Jahresbeginn 2008 eine Recherche abschließen, die ich am 2. Oktober 2006 begonnen habe – fast eineinhalb Jahre hinhaltender Widerstand eines Ministeriums, das vom Gesetz her verpflichtet ist, über „alle Gegenstände der Vollziehung" ... „alle einschlägigen Auskünfte" zu geben. Wenigstens hat sich die Mühe gelohnt. Aus den Datensätzen geht hervor, dass die vom Ministerium angegebene Zahl der Studienbeihilfenbezieher geschönt ist. Hört ein Student im Juni mit dem Studium auf und fängt ein zweiter im Oktober mit dem Studium an, dann sind das für die Erfolgsstatistik des Ministeriums *in diesem Jahr* zwei Studienbeihilfenbezieher – und nicht etwa zwei „halbe" Studienbeihilfebezieher, die übers Jahr gesehen bloß einen ganzen ergeben! Auf die Art hat man gleich einige Tausend mehr, mit denen man angeben kann.

Dieses Beispiel zeigt: Das Fragerecht der Abgeordneten wird von den Ministern als Lästigkeit empfunden. Antworten erfolgen wahrheitswidrig im Wissen, dass ein Abgeordneter sich nur beim Salzamt beschweren kann. Halt, einen Weg gibt es ja noch – aber den konnte ein Abgeordneter der SPÖ in der Zeit von 2007 bis 2008 nicht gehen: Die Anfragebesprechung.

**Die Anfragebesprechung, eine stumpfe Waffe**
Übersteigt eine Antwort das übliche Maß an Unwilligkeit, kann der Nationalrat einen Minister in die Sitzung zitieren und ihn dazu zwingen, sich der Kritik an seinen Ausführungen zu stellen. Im Prinzip eine nette Sache. Leider hatten die Klubobleute Cap und Schüssel ausgemacht, dass Anfragebesprechungen nur im Einvernehmen beider Klubs beantragt werden durften. Aus Angst vor Revanche unterblieben selbst sehr gerechtfertigte Anfragebesprechungen.

Allerdings hat der Nationalrat selbst dafür gesorgt, dass die parlamentarische Waffe „Anfragebesprechung" auch von Seiten der Opposition so gut wie nie zum Einsatz kommt. Jede Fraktion darf nur einmal pro Sitzungswoche eine solche Debatte verlangen.¹⁰ Sofern eine „dringliche Anfrage" gestellt wurde – und das ist fast in jeder Nationalratssitzung der Fall – darf überdies nur eine „Anfragebeantwortung" stattfinden.¹¹ Das ist angesichts von 1358 schriftlichen Anfragen allein im Frühjahr 2007¹² nicht wirklich etwas, vor dem sich Minister fürchten müssten.

**Im Sommer macht das Fragerecht Pause**
Wussten Sie, dass ein Nationalratsabgeordneter während der Sommermonate überhaupt keine parlamentarischen Anfragen an einen Minister stellen darf? Angenommen, Sie denken am Tag nach der letzten Juli-Sitzung noch einmal über das dort von „Ihrem" Minister Gesagte nach und wollen dazu eine Anfrage stellen. Fassen Sie sich in Geduld, denn: Anfragen können Sie nur „innerhalb einer Tagung"¹³ abgeben. Und die, nämlich die Frühjahrstagung, ist gerade zu Ende gegangen. Bis zum Beginn der Herbsttagung Mitte September macht das Fragerecht Pause. Und das heißt: Eine Frage, die Sie am Beginn der Sommerpause interessierte, können Sie erst Mitte September abgeben – und erhalten wahrscheinlich Mitte November die Antwort darauf.

Es sei denn, es findet im Sommer eine Sondersitzung statt. Dann heißt es, während der Sitzung schnell die nötigen vier weiteren Unterschriften pro Anfrage zu finden und seine Anfragen während der Sitzung abzugeben. Ich habe übrigens im Frühjahr 2008 meinen Klubobmann ersucht, die ÖVP für eine Änderung der Geschäftsordnung zu erwärmen, die der unsinnigen Fragepause im Sommer ein Ende macht. Antwort der ÖVP: Njet.

**Was zu tun wäre**

- Anfragen von Abgeordneten sind ohne Verzögerung zu beantworten. Die maximale Antwortfrist sollte auf vier Wochen verkürzt werden.
- In den Ausschüssen müssen Minister und Beamte über offensichtlich falsche oder ungenügende Auskünfte Rede und Antwort stehen.
- Für die Ausschüsse arbeitende Parlamentsmitarbeiter sollten in Zusammenarbeit mit den Beamten der Ministerien die Antworten vorbereiten und sicherstellen, dass Fragen nicht aus parteipolitischen Gründen nicht beantwortet werden.
- Ausschusssitzungen sollten nicht so selten wie möglich angesetzt werden, sondern so oft, dass alle Fragen der Abgeordneten diskutiert und beantwortet werden können.
- Wo immer möglich, soll der Nationalrat Unterausschüsse aussetzen, die große Gesetzesvorhaben von Anfang an begleiten und mitgestalten. Der Unterausschuss des Unterrichtsausschusses ist hier ein gutes Beispiel. Er leistete wertvolle Vorarbeit für die Bildungsministerin Schmied und gab wichtige Impulse von Experten und fachkundigen Abgeordneten zu den Schulreformgesetzen der Jahre 2007 und 2008.
- Die absurde Anfragepause im Sommer gehört abgeschafft.

Josef Broukal

# 4. Berichte – mit drei Jahren Verspätung

Zu den besonderen „Pflanzereien" der Abgeordneten gehören Berichte an den Nationalrat. Sie kommen in der Regel so spät, dass eine Debatte darüber nur noch Zeithistoriker interessiert. Im Bereich des Wissenschaftsministeriums gibt es zum Beispiel den Hochschulbericht. Er wird nur alle drei Jahre erstellt. Im Jahr 2006 wurden dem Nationalrat die Hochschuldaten aus dem Jahr 2003 zugeleitet. Schade um die viele Arbeit.[14]

Unangenehme Dinge findet man in diesen Berichten übrigens nur selten. Was wirklich stört, wird einfach weggelassen. So hat die ÖVP im Universitätsgesetz 2002 die Unis aus der Pflicht entlassen, die Betreuungsverhältnisse pro Studienrichtung anzugeben. Daher fehlen sie im Hochschulbericht 2003-2005. Praktisch! Das nimmt Hochschülerschaft, Opposition und Öffentlichkeit die Chance, mit Zahlen und Fakten bewaffnet Kritik zu üben und Verbesserungen einzufordern.

**Was zu tun wäre**
Berichte an das Parlament sind zeitnah zu verfassen. Es kann und darf nicht so sein, dass der Nationalrat mit mehreren Jahren Verspätung über Erfolge und Misserfolge im Tätigkeitsbereich eines Ministerium informiert wird.

Josef Broukal

# 5. 17 Stunden und 13 Minuten in einem Stück

Oder: an seinem Sitzfleisch sollt ihr den Abgeordneten erkennen

Ich habe in meinen sechs Jahren im Nationalrat viele Kollegen getroffen, die sich ihre Gage mehr als ordentlich verdient haben. Sie waren Fraktionsführer in den Ausschüssen, Hauptredner im Plenum, stille Helferleins für Anliegen von Bürgern ihrer Wahlkreise, Parteifunktionäre oder Bürgermeister. Sie schrieben Programme und Konzepte, versuchten Journalisten für ihre Arbeit zu interessieren, hielten Kontakt zu Ministerien, Bürgerinitiativen, Interessenvertretungen. In der Öffentlichkeit beurteilt werden sie oft nach zwei unsinnigen Kriterien. Erstens: Wie oft werden sie von ihren Klubs ans Rednerpult geschickt. Zweitens: Wie lange schaffen sie es, an einem Plenartag ruhig auf ihrem Platz zu sitzen und Reden zu weiß Gott welchen Materien anzuhören. (Egal, wie lang dieser Plenartag dauert. Mein persönlicher Rekord liegt bei 17 Stunden und 13 Minuten: Die Nationalratssitzung vom 24. September 2008 begann um 09:00 Uhr und endete um 04:13 Uhr am Morgen des 25. September.)

Für Punkt eins ist „News" hauptverantwortlich, das jedes Jahr jemanden in den Parlamentsprotokollen die Viel- und Wenigsprecher zählen lässt. Der Inhaber der

Roten Laterne wird ohne auch nur gefragt zu werden zum „faulsten Abgeordneten" ernannt. Nicht einmal der frühere ÖGB-Präsident Fritz Verzetnitsch war vor dieser Bloßstellung sicher. So viel Sozialpartner-Arbeit konnte der Mann gar nicht leisten, dass ihn das davor bewahrt hätte, von einem x-beliebigen Nachwuchsredakteur zum parlamentarischen Faultier des Jahres 2005 gestempelt zu werden. Er wird es mit Fassung getragen haben.

Weil die Redezeit im Nationalrat ungleich verteilt wird, stehen Sieger und Verlierer von Haus aus fest. In der 23. Gesetzgebungsperiode (Oktober 2006 bis Oktober 2008) wurde die Redezeit an einem typischen Sitzungstag mit geplanten neun Stunden (plus Fragestunde, plus „dringliche Anfrage" zu zweieinhalb Stunden) so aufgeteilt: SPÖ 130 Minuten, ÖVP 130 Minuten, Grüne 108 Minuten, FPÖ 108 Minuten, BZÖ 63 Minuten. Rechnet man das auf die mögliche Redezeit eines Abgeordneten bei gleichmäßiger Verteilung innerhalb seiner Fraktion um, wird die Bevorzugung der kleineren Parteien mehr als deutlich. BZÖ: 9 Minuten pro Mandatar, Grüne und FPÖ 5 Minuten, SPÖ und ÖVP 1,9 Minuten. Verstehen Sie jetzt, warum in diversen Rankings jedes Jahr die Mandatare der größeren Parteien zu Minderleistern hinunter-, die der Kleinparteien zu rhetorischen Helden hinaufgeschrieben werden? Ich kenne viele Abgeordnete der SPÖ, die unter der Redezeitbeschränkung mehr als gelitten haben ...

Punkt zwei ist eine Spezialität des ORF: Bei Liveübertragungen gehen Kameraleute und Bildmeister ab und zu auf Jagd nach allem, was nicht ruhig dasitzt und ergriffen zuhört. Du sprichst ein Wort zu deinem Nachbarn: Zack, schon bist du auf Sendung. Du musst aufs Klo: Nicht ohne eine Kameraeinstellung, die dich beim Verlassen des Sitzungssaales zeigt. Du hast nach drei Stunden geduldigen Zuhörens Appetit auf eine Mannerschnitte: Ertappt und groß herausgezoomt. Du bist ein alter Hase und hältst dir die Hand vor, während du die Schnitte zum Mund führst: Umschnitt auf die andere Kamera, so dass man wenigstens von der Seite bildfüllend sehen kann, was und wie du mampfst. Du liest auf deinem Handy Nachrichten: Zufahrt aufs Display, vielleicht kann man ja am Fernseher mitlesen, was du dir da gerade anschaust. Du bohrst gedankenverloren in der Nase: Großaufnahme! So entsteht nach und nach gerade bei den treuesten Zusehern der Liveübertragungen der Eindruck, der Sitzungssaal langweile sich unendlich, viele Abgeordnete seien bloß körperlich anwesend oder nützten die Plenarzeit zum Beantworten von Mails und zum Surfen im Internet. Die vielen, die still zuhören, sieht man zugegebenermaßen dazwischen auch.[15]

Beim Schreiben dieses Absatzes taucht allerdings in meiner Erinnerung ein junger schnurrbartbewehrter ORF-Redakteur auf, der es in den späten 1970er Jahre auch nicht viel besser machte. Zwar gab es damals weder Handys noch Laptops, also auch niemanden, der sich mit ihnen endlose Debatten verkürzen hätte können. Aber in einer Story über eine letzte Sitzung vor der Sommerpause filmte dieser junge Mann die Putzfrauen dabei, wie sie gleich nach dem Ende dieser Sitzung die kleinen Laden in den Abgeordnetenbänken säuberten. Dabei kam in einer Lade ein Packerl Preferencekarten ins Bild. Groß abgebildet, noch einen hämischen Text dazu gemacht und ab auf Sendung! Der junge Redakteur aber wurde später Abgeordneter zum Nationalrat und konnte sich nicht genug über despektierliche Kameraarbeit seiner ehemaligen Kollegen alterieren. Wie heißt es so schön: Der Standort bestimmt den Standpunkt …

Beliebt sind auch Fotoserien über die Frage: Was lesen Abgeordnete im Sitzungssaal? Welche Internetseiten sind auf ihren Laptops aufgewählt? Von der Galerie aus und durch die Glastüren des Sitzungssaals lassen sich unbeobachtet tolle Einblicke gewinnen. Zwei Grüne spielen online „Schifferlversenken" – Skandal! Wenn die beiden stundenlang im Ausschuss um Verbesserungen eines Gesetzesentwurfes kämpfen, wenn sie tagelang *in rebus politicis* in ihren Wahlkreisen unterwegs sind, ist kein Fotograf dabei.

Bei diesem Spiel sind die Abgeordneten immer die Dummen. Gehst du aus dem Saal, schwänzt du den nach Ansicht der Journalisten einzig bemerkenswerten Teil deiner Arbeit. Bleibst du im Saal, hörst mit einem Ohr zu und liest mit einem Auge die neueste Presseaussendung „deines" Ministers, passt du offensichtlich nicht auf und verweigerst dich ebenfalls dem einzig bemerkenswerten Teil deiner Arbeit. Liest du in der Sitzung die Abendzeitung, sollte man dir dafür einen Teil deines Gehalts abziehen. Hast du die Zeitung nicht gelesen, bist du uninformiert und wirst in überfallsartigen Umfragen beim Weg aus dem Sitzungssaal oder zu Hause am Telefon über dein Wissen geprüft. „Wie viele Abgeordnete hat der Nationalrat?" „Wie viele Kammern hat das Parlament?". Besonders lustig findet die Redaktion „Sind Sie für die Privatisierung der Postmoderne?". Auflösung im Blatt: „Achtung, das war eine Fangfrage!"[16]

Aber ich schweife ab. Eigentlich will ich über die Unsitte schreiben, dass die Öffentlichkeit von österreichischen Abgeordneten erwartet, dass sie zehn, zwölf Stunden stumm und aufmerksam auf ihrem Sessel hocken. Da kann man nur neidvoll nach Deutschland blicken. Dort gilt folgende Regel: Jeder Abgeordnete, der am Zustandekommen eines Gesetzes beteiligt war, hat während der Debatte dazu im Sitzungssaal anwesend zu sein. Alle anderen sind entschuldigt. Dementsprechend gibt es im Sitzungssaal in Berlin nur einige wenige Bänke – wer da ist, setzt sich auf einen freien Platz. Der Großteil der Abgeordneten hat bloß einen Sessel zur Verfügung.[17] Und die öffentliche Meinung hat für die Abwesenden sogar Verständnis. So liest man bei Wikipedia:

*„Der Arbeitstag eines Bundestagsabgeordneten umfasst in der Regel zwölf bis fünfzehn Stunden. Die Abgeordneten müssen dabei unter anderem die Sichtung von Post und Zeitungen, die oft mehrstündigen Fraktions-, Arbeitsgruppen-, Ausschuss- und Plenumssitzungen, welche sich womöglich noch überschneiden, Interview-Anfragen, Besuchergruppen aus ihrem Wahlkreis, die Vorbereitungen von Reden und die Ausarbeitung von Gesetzentwürfen unter einen Hut bringen. Viele Abgeordneten haben also während der Plenarsitzungen andere wichtige Verpflichtungen. Aus diesem Grunde verwundert es nicht, wenn bei der alltäglichen Arbeit im Bundestag nur einige Dutzend Mitglieder im Plenum sitzen – sie sind in aller Regel die Experten für das gerade besprochene Thema."*[18]

**Was zu tun wäre**

- Die Journalisten müssen akzeptieren, dass Politik heute ein arbeitsteiliges Geschäft ist. Alle Abgeordneten müssen über die demokratiepolitisch wichtigen Gesetze Bescheid wissen – aber jeder darf sich bei Detailgesetzen auf die Sachkenntnis seiner bestens eingearbeiteten Fraktionskollegin verlassen.
- Das Nationalratspräsidium sollte feststellen, dass, wie in der BRD, geradezu erwartet wird, bei Detailgesetzen nur die involvierten Abgeordneten anwesend sind.

Alle anderen gehören nicht in den Sitzungssaal, sondern in ihr Büro, in die Parlamentsbibliothek, in einen Ausschuss, zu informellen Treffs mit Kollegen – wohin immer, nur nicht in den Sitzungssaal. Nur bei den großen Debatten, den Richtungsentscheidungen, den feierlichen Gedenksitzungen ist die Präsenz im Saal wichtig.

# 6. Über die Abgeordneten drüberfahren

Oder: Wenn's hart auf hart kommt kennt das Imperium keine Gnade

Viele Gesetze kommen ganz gemütlich daher. Sie erblicken das Licht der Welt als Vorschlag aus dem fachlich zuständigen Ministerium. Die Bereichssprecher der Regierungsparteien sind informiert oder haben sogar ihre Vorstellungen einbringen können. Der „Beamtenentwurf" kommt mit dem Segen des Ministers ins Internet und kann von jedermann gelesen werden. Einige Wochen, manchmal sogar zwei Monate lang, haben alle an dem Gesetz Interessierten die Möglichkeit, Zustimmung oder Ablehnung schriftlich zu deponieren. Ihre Bemerkungen werden in der Regel aufmerksam gelesen und, wenn gut begründet, auch ernst genommen. Nach diesem „Begutachtungsverfahren" machen sich die Beamten an die Herstellung der „Regierungsvorlage". Diese wird vom Ministerrat an den Nationalrat geschickt, dort dem zuständigen Ausschuss zugeteilt, in Ruhe beraten und in einer der nächsten Plenarsitzungen zum Gesetz erhoben.

Manchmal aber sind Gesetzesvorlagen auch das Ergebnis hektischer last-Minute-Verhandlungen zwischen den Spitzenpolitikern einer Koalition. Da ist dann von ruhigem Studium und gründlichem Abwägen keine Rede mehr.

Dennoch wird von den Abgeordneten der Regierungsparteien erwartet, dass sie ihrer Klubführung vertrauen und ungeprüft Dingen zustimmen, die nie das Licht der Öffentlichkeit gesehen haben, von einem kritischen Diskurs ganz zu schweigen. Auf diese Husch-Pfusch-Art kam Ende 2007 eine Änderung des Sicherheitspolizeigesetzes in die Welt, die der Polizei die Lizenz zum Lauschangriff auf Handys gab. Das dafür verwendete Gerät „IMSI-Catcher" kann (erlaubterweise) nicht nur die weltweit einzigartige Nummer einer SIM-Karte herausfinden, sondern gleich auch (verbotener Weise) ein Handygespräch mithören. Und das alles ohne Zustimmung oder Anordnung eines Richters! Die erstaunten Abgeordneten erfuhren dies zum ersten Mal während der Debatte im Plenum. Nicht einmal die Journalisten waren vorgewarnt. Ursache dieser Hau-Ruck-Aktion war übrigens, dass die ÖVP im letzten möglichen Moment vor der Nationalratssitzung eine Forderung der SPÖ erfüllte, die sie bis dahin immer abgelehnt hatte.[19] Vor diesem Schwenk hatte niemand damit gerechnet, dass das Sicherheitspolizeigesetz überhaupt in dieser Sitzung zur Abstimmung kommen würde. Dann aber hieß es: Augen zu und mitten durch das *window of opportunity*.

Die an Deutlichkeit nichts zu wünschen gelassene öffentliche Kritik am Zustandekommen der Novelle zum Sicherheitspolizeigesetz führte Anfang 2008 zu einem Aufstand im SPÖ-Klub und zum Versprechen der Klubführung, Zumutungen wie diese in Zukunft zu unterlassen. Der gute Vorsatz hielt nicht lange. Am 5. Juni 2008 provozierten die Klubführungen von SPÖ und ÖVP in letzter Minute die eigenen Abgeordneten und die der Opposition mit 39 (!) Abänderungsanträgen zum Ökostromgesetz, darunter fünf Verfassungsbestimmungen, also sorgsam abzuwägende Ausnahmen von den Regeln der

Bundesverfassung. Der insgesamt acht Seiten lange Text war in Gesetzeschinesisch abgefasst und auf den ersten, zweiten und dritten Blick absolut unlesbar. Die Grünen setzten einen harten Konter. Entweder, so ihr Chef van der Bellen in laufender Sitzung, die Abstimmung werde vertagt und das Gesetz noch einmal im Ausschuss gründlich besprochen, oder er verlange 39 namentliche Abstimmungen, diese hätten 13 Stunden gedauert. Die Klubobleute der Regierungsparteien steckten zurück. Josef Cap meinte, man habe der Opposition ein „Parlament neu" versprochen und stimme deshalb van der Bellens Wunsch zu, Wolfgang Schüssel war trotzig und behielt sich das Recht vor, auch in Zukunft der Opposition ab und an Last-Minute-Anträge *by the dozen* ins Plenum zu servieren. Auch in diesem Fall war übrigens die Ursache der überfallsartig eingebrachten Änderungen, dass Chefverhandler bis zur letzten Minute um den Gesetzestext gepokert hatten.

A

Josef Broukal

# 7. Abgeordnete gegen Minister – ein ungleiches Match

In meinem Computer bewahre ich ein denkwürdiges Mail auf. Sein Absender ist ein Mitarbeiter im Stab von Wissenschaftsminister Hahn. Der gute Mann stellt darin die Frage, ob der Abgeordnete Broukal wegen Unbotmäßigkeit nicht von Seiten des Wissenschaftsministeriums unter Quarantäne gestellt werden sollte. Das Mail stammt vom 17. Jänner 2008 und hat den Text:

> *„die broukal einlull strategie geht ja voll auf.......?!?.... und schüttet chef ununterbrochen an.....ich würd den unter quarantäne stellen wenn das nicht aufhört......* (Meine Hervorhebung, JB)"

Dann folgt die Wiedergabe einer Presseaussendung von mir, in der ich Hahn frage, wann er endlich, so wie Claudia Schmied, etwas für Frauenförderung an den Universitäten tun wird. Insgesamt neun Personen aus dem Ministerkabinett haben dieses Mail erhalten. Sie alle arbeiten für den Minister, sind seine Augen und Ohren, verlinken sich mit den Beamten, reden mit Journalisten, hören sich an den Unis um. Neun Personen also, die dem Minister persönlich zuarbeiten und dabei auf die Expertise vieler Menschen in den Sektionen des Ministeriums zugreifen können.

Hahns politischer Widerpart bin ich. Als Wissenschaftssprecher der SPÖ habe ich Hahns Arbeit zu verfolgen, sie zu kommentieren und bei Bedarf zu konterkarieren. Ich verhandle Gesetzesänderungen und muss ganz allgemein in Sachen Uni-Politik zumindest so auf dem Laufenden sein wie Hahns Leute. Das Parlament findet, dass zu meiner Unterstützung eine Person reicht. Es finanziert mir (und allen anderen Abgeordneten) einen „parlamentarischen Mitarbeiter" mit dem Gehalt eines qualifizierten akademisch ausgebildeten Berufsanfängers – etwa 2.400 Euro brutto im Monat. Der junge Mann arbeitet für zwei, er ist engagiert, furchtlos im Umgang mit ÖVP-nahen Beamten und immer erfinderisch beim Auftun von sperrigen Quellen. Aber mit Hahns acht Mitstreitern kann er es nicht aufnehmen.

Neidisch blickt der österreichische Abgeordnete deshalb nach Berlin. Dort hat ein Mitglied des Bundestages eine Mitarbeiterpauschale von 14.312 Euro zur Verfügung, also etwa das Sechsfache. Damit kann ein deutscher Abgeordneter drei bis vier qualifizierte Mitarbeiter bezahlen.

Wo bringt er die unter? In seinen drei Arbeitsräumen auf zusammen 54 Quadratmetern Fläche in einem der hochmodernen Bürogebäude des Deutschen Bundestags. Im Parlament in Wien sitzen selbst Full-Time-Abgeordnete zu zweit, dritt und viert in einem Raum. Ihren Mitarbeitern geht es nicht besser.

Aber die österreichischen Abgeordneten verdienen ja mehr, höre ich die Journalisten rufen. Ich sage: Die (ab 1. 1. 2009) netto 250 Euro mehr hätte ich gerne gegen die Arbeitsmöglichkeiten eines deutschen Kollegen eingetauscht.

**Was zu tun wäre:**

Abgeordnete brauchen zwei bis drei Vollzeit-Mitarbeiter, um es mit der Expertise der Minister aufnehmen zu können.

Abgeordnete und ihre Mitarbeiter brauchen Ruhe zur Arbeit. Einzelzimmer sind kein Luxus, sondern eine Notwendigkeit.

Josef Broukal

# 8. 272 : 6

Oder: Warum ich manchmal gerne ein deutscher Abgeordneter gewesen wäre

Weil mich Parlamentspräsident Kohl zum Obmann seines EDV-Beirats macht, nehme ich in Berlin an einer Sitzung meiner Kollegen aus ganz Europa teil. Von dem großen Saal, in dem wir miteinander reden, hat man einen Blick auf eine Fußgängerbrücke in schwindelerregender Höhe. Sie führt aus dem Bürohaus der Abgeordneten über die Spree hinweg in ein riesiges Gebäude am anderen Ufer. Man sagt mir: „Dort sitzt der Wissenschaftliche Dienst." Im Internet werde ich fündig. In einem längeren Text stellt sich der Wissenschaftliche Dienst des Deutschen Bundestages so vor:

> *„Wissenschaftliche Dienste sind in allen westlichen Demokratien elementarer Bestandteil des parlamentarischen Betriebes. Angesichts der steigenden Informationsflut sind Abgeordnete und Fraktionen auf wissenschaftlichen Sachverstand angewiesen, der ihnen auf Basis verlässlicher Informationen eine effiziente Mandatsausübung und Gesetzgebungstätigkeit ermöglicht. Die Einrichtung parlamentarischer Beratungsdienste ist zudem als Reaktion auf*

*den wachsenden Informationsvorsprung der Ministerialbürokratie zu verstehen.* Die Abgeordneten müssen im gleichen Maße Zugang zu allen erforderlichen Fachinformationen haben, wie dies bei den Ministerien der Fall ist." *(Meine Hervorhebung, JB)* [20]

So ist es. Und deshalb sind in dem modernen Bürohaus an der Spree exakt

„*272 Mitarbeiter in 21 einzelnen Organisationseinheiten ... tätig. Die Qualifikationen der Mitarbeiter mit akademischem Werdegang, die ungefähr ein Drittel des Personalbestandes der Abteilung stellen, sind äußerst vielfältig. ... Ungefähr die Hälfte aller Mitarbeiter des Höheren Dienstes sind Volljuristen. Es folgen die Politikwissenschaftler, Historiker und andere Geistes- und Sozialwissenschaftler sowie Volkswirte und einige Naturwissenschaftler. Auch das Qualifizierungsniveau der Sachbearbeiter im Gehobenen Dienst ist außerordentlich vielfältig und auf die parlamentarischen Belange ausgerichtet. Hier sind insbesondere die Experten für Recherche und Dokumentation aus dem Bereich der Hotline W zu nennen.*" [21]

Nochmals zum Mitstaunen: 272 Mitarbeiter. Eine Hotline für fragende Abgeordnete. Juristen, Politikwissenschafter, Historiker, Sozialwissenschafter, Fachleute für Recherche und Dokumentation. Dieses Expertenheer hat allein von Jänner bis Oktober 2008 93 im Internet von jedermann abrufbare Expertisen verfasst, von „Asset Backed Securities und die Subprime-Krise" über den „Schutz der Grundrechte in der EU nach dem Vertrag von Lissabon" bis zu „Ausländer- und Jugendkriminalität – Daten, Ursachen, Bekämpfung"[22]. Und in Wien?

Das österreichische Parlament leistet sich für seine Abgeordneten einen „Rechts-, Legislativ- und Wissenschaftlichen Dienst" mit sechs Mitarbeiterinnen. **Sechs!** Nicht sechzehn und nicht sechsundzwanzig, wie es dem Bevölkerungsverhältnis Deutschland/Österreich entsprechen würde. **Sechs!** Eine Leiterin, eine stellvertretende Leiterin, vier „Sekretärinnen" – von denen ich doch sehr hoffe, dass sie entgegen dem Eintrag im Organigramm des Parlaments überaus fähige Sachbearbeiterinnen[23] sind. Alles klar?

Wie schreiben die deutschen Kollegen so richtig? „Wissenschaftliche Dienste sind in allen westlichen Demokratien elementarer Bestandteil des parlamentarischen Betriebes." Den Umkehrschluss, dass Österreich nach diesen Kriterien keine voll entwickelte westliche Demokratie ist, ziehe ich ausdrücklich nicht.

Josef Broukal

# 9. Wie lange noch?

Ich denke, ich habe genug Beispiele dafür zusammen getragen, warum das österreichische Parlament weit von jener „Augenhöhe" entfernt ist, die ihm nach Auffassung seiner Präsidentin gegenüber der Regierung zukommen sollte.

Ich wünsche mir, dass sich in allen Fraktionen einmal jene zusammenrotten, die es nicht länger hinnehmen wollen, dass sie Tag für Tag, mit wenig mehr als ihrer persönlichen Leidenschaft und Arbeitskraft ausgestattet, es mit Stäben, Beamten-Brainpools und zugekauften Expertisen der Minister aufzunehmen haben.

Ich wünsche mir, dass Abgeordnete nicht nur, wie am 28. Oktober 2008 geschehen, überfallsartig 15-prozentige Anhebungen der staatlichen Klubfinanzierung beschließen, sondern vielleicht auch einmal überlegte, wohlbegründete, kräftige Verbesserungen ihres persönlichen Arbeitsumfeldes, vom Büroraum bis zu den Mitarbeiterbudgets.

Ich wünsche mir, dass Journalisten diesen Prozess mit Verständnis begleiten und nicht jedes Mal, wenn sich das Parlament ein wenig upgradet, in wüstes Geschrei ausbrechen.

Ich wünsche mir, dass die Parlamentspräsidentin ihrer Forderung im Wahlkampf 2008: „Das Parlament muss auf gleicher Augenhöhe mit der Regierung arbeiten können" nach der Wahl Taten folgen lässt.

There is so much room for improvement …

## Anmerkungen

1 DDr. Erwin Niederwieser war von 2002 bis 2008 Bildungssprecher der SPÖ im Nationalrat. Kurt Schober ist Sekretär des SPÖ-Parlamentsklubs, zuständig für Bildung, Wissenschaft und Forschung. Dominik Pezenka war vier Jahre lang mein „parlamentarischer Mitarbeiter".

2 So gesehen war es kein Wunder, dass die FPÖ sofort nach dem Eintritt in die Bundesregierung im Jahr 2000 ihre alte Forderung fallen ließ, dass auch eine Minderheit der Abgeordneten einen Untersuchungsausschuss einsetzen können soll. So gesehen ist es ein Wunder, dass die SPÖ diese Forderung aus ihrer Oppositionszeit nach dem Wiedereintritt in die Regierung im Jahr 2007 *nicht* fallen gelassen hat. Kein Wunder ist es, dass die ÖVP im Oktober 2008 ihren jahrlangen Widerstand aufgegeben hat. Ihr Zweiter Nationalratspräsident Michael Spindelegger sagt es im KURIER (20. Okt. 2008, Seite 3) ganz offen: „Wir müssen daran denken, dass wir den U-Ausschuss als Minderheitsrecht nicht verhindern können, weil wir nicht mehr über ein Drittel der Abgeordneten verfügen." Spindeleggers Schwenk macht Sinn. Die ÖVP hat nach dem Absturz bei der Wahl vom 28. September 2008 zehn Mandate weniger als sie brauchen würde, um eine Verfassungsänderung zu blockieren, die das Einsetzen eines U-Ausschusses zum Minderheitenrecht macht. Durch die Bereitschaft, mitzutun, kann die ÖVP vielleicht manches für sie günstiger gestalten ...

3 Wissenschaftsminister Hahn zu der Gesetzesvorlage der Abg. Broukal, Graf und Grünewald, mit der die Studiengebühren abgeschafft, Zugangsbe-

schränkungen gemildert und den Universitäten zusätzliches Geld für zusätzliche Studierende zugewiesen wurde. Nationalratssitzung vom 24. Sep. 2008. Wenig später bezeichnet Hahn von der Regierungsbank zwischenrufend die Aussagen eines Abgeordneten laut Protokoll als „Wahnsinn". Zugegeben, diese Fälle sind extrem. Aber Respektlosigkeit auf der Regierungsbank, Tratschen, Abgeordneten von hinten ins Wort fallen, das alles nimmt sich die Regierungsbank routinemäßig gegenüber dem „Hohen Haus" heraus.

4 Bundesgesetz über die Geschäftsordnung des Nationalrats, § 90
5 Anfragebeantwortung vom 24. August 2007, 1130/AB XXIII. Gesetzgebungsperiode
6 Parlamentarische Anfrage Nr 953/J-NR/2007 vom 12. Juni 2007
7 Anfragebeantwortung 935/AB XXIII. Gesetzgebungsperiode
8 Parlamentarische Anfrage 1752/J-NR/2007 vom 7. Nov. 2007
9 Anfragebeantwortung 1700/AB XXIII. Gesetzgebungsperiode vom 13. Dez. 2007
10 Bundesgesetz über die Geschäftsordnung des Nationalrats, § 92.1
11 Bundesgesetz über die Geschäftsordnung des Nationalrats, § 57b.1
12 Nationalratspräsidentin Barbara Prammer in einer Presseaussendung vom 16. Juli 2007, http://www.barbara-prammer.at/online/page.php?P=100681&SK_ID=1890608
13 Bundesgesetz über die Geschäftsordnung des Nationalrats, § 91.1
14 Das Wissenschaftsministerium bietet am 28. Okto-

ber 2008 auf seiner Homepage an: Universitätsbericht 2005 | Hochschulbericht 2002 | Hochschulbericht 1999.
15 Da man immer wieder solche Aufnahmen in „Dorfers Donnerstalk" sieht, wo sie „Maschek" genial verfremden, habe ich den Verdacht, die Aufnahmen entstehen ganz gezielt als Grundlage von Parlaments-Satire. Soll sein. *The public think they own you …*
16 „Parlamentsquiz: Was neue Abgeordnete wissen", KURIER, So., 26.Okt. 2008, Seiten 2 und 3 – die Top-Innenpolitik-Story zum Nationalfeiertag.
17 Im Bundestagssitzungssaal gibt es 182 Sitze mit einem Pult. 430 Abgeordnete haben lediglich einen Sessel zur Verfügung.
18 http://de.wikipedia.org/wiki/Deutscher_Bundestag, Fassung vom 28. Oktober 2008
19 Es ging um das Recht der Polizei, zudringliche Abtreibungsgegner von Abtreibungskliniken fernhalten zu können. Frauen, die in diesen Kliniken Rat und Hilfe suchten, wurden immer wieder körperlich bedrängt und mit Gebeten und hochgehaltenen Fötus-Figuren drangsaliert. Die ÖVP hatte sich lange geweigert, der Polizei das von der SPÖ verlangte Wegweiserecht zu geben.
20 Aufgaben, Organisation und Ausstattung der Unterabteilungen Wissenschaftliche Dienste und Petitionen und Eingaben in der Verwaltung des Deutschen Bundestages, im Internet veröffentlichte Broschüre unter http://www.bundestag.de/wissen/wissdi.pdf.
21 ebenda, Seite 5
22 http://www.bundestag.de/wissen/analysen
23 Aus der Internet-Präsenz des östereichischen Parlaments, http://www.parlament.gv.at/SK/PD/ORG/show.psp?P_INF2=82

# V. Von der Realität zurück zur Vision

*"Yes, we can!"*
*(Barack Obama)*

Erwin Niederwieser

# 1. Das ideale Parlament

Über die fallweisen Annäherungen von Wunsch und Realität

Des einen Sternstunde ist des anderen schmerzliche Niederlage.

Der September 2008 war der Monat des „lebendigen Parlamentarismus". Das Abstimmungsprotokoll des 24. September widersprach allem, was bisher parlamentarischer Usus war – einmal stimmten SPÖ, Grüne und FPÖ gegen ÖVP und BZÖ für einen Antrag und erreichten damit eine Mehrheit, schon Minuten später stimmten SPÖ und ÖVP gegen die bisherige vereinte Opposition und der Antrag war abgelehnt. War sich eine der beiden großen Parteien entweder mit FPÖ oder Grünen einig dann gaben die Stimmen der kleinsten Partei (BZÖ) den Ausschlag und gab es einen Konsens zwischen SPÖ, Grünen und FPÖ oder zwischen ÖVP, Grünen und FPÖ dann reichte das allemal, um die anderen zu überstimmen. 77 unterschiedliche Abstimmungen vermeldet das Protokoll, nicht mitgezählt die vielen Einzelabstimmungen über Absätze und einzelne Paragrafen. Am schönsten hatte es dabei das BZÖ – es war plötzlich eingebunden in alle Verhandlungen, wurde umworben und mit Zustimmung zu Abänderungsvorschlägen bedankt. Am übelsten fühlten sich die Abgeordneten der ÖVP: Nach den schlechten

Umfrageergebnissen wenige Tage vor der Wahl auch noch reihenweise Niederlagen, aufrecht gehalten nur von der Überzeugung, als einzige das Richtige zu tun.

Für den Großteil der Abgeordneten bedeutete dies freilich mehr ein „dabei sein" bei Sieg oder Niederlage und weniger ein Mitgestalten denn bei so komplizierten Verhandlungen und Änderungen innerhalb weniger Stunden verlagern sich die Entscheidungen aus den Ausschüssen hinein in die Chefbüros in Klub und Partei und einzig die Bereichssprecher hatten die Möglichkeit, sich in diesen Prozess einzubringen und diese Verhandlungen zu führen oder zumindest dabei zu sein.

### Spannung pur

Dieses neue und völlig verwandelte Parlament, bei dem der Kommentator nicht schon vorher weiß, wie eine Abstimmung ausgehen wird, faszinierte. Hunderttausende verfolgten stundenlang die Diskussionen und Abstimmungen zu Hause am Fernseher und als der ORF auf TW1 umschaltete um bis zum Ende nach Mitternacht zu übertragen folgten so viele Österreicherinnen und Österreicher, wie TW1 zuvor noch nie gesehen hatten. Es herrschte so etwas wie ein „parlamentarisches Prickeln", nur noch zu übertreffen von einem Parlament, in dem jede/r Abgeordnete ständig frei von jedem Klubzwang so abstimmt, wie sie/er es für richtig hält und die Wähler im Wahlkreis verfolgen gebannt mit, was „ihr" Abgeordneter sagt und wie „ihre Abgeordnete" abstimmt.

So ein Parlament würde ich nicht grundsätzlich für abwegig halten und besonders spannend war es in all den Jahren ja tatsächlich immer dann, wenn bei knappen Mehrheiten aus einer Fraktion mehrere Abgeordnete ein abweichendes Stimmverhalten angekündigt haben. Den

Tiroler Abgeordneten aus SPÖ und ÖVP ist es damit in der Zeit der großen Koalition in den neunziger Jahren gelungen, den Sitz der Alpenstraßen AG in Innsbruck zu halten, weil beide Klubführungen nicht riskieren wollten, mit der Novelle zum Bundesstraßengesetz womöglich keine Mehrheit zu erreichen.

Aber ist es die Aufgabe des Parlaments, den Hauptabendkrimi zu ersetzen, „spannend" zu sein?

Wie sieht es dann mit der Planbarkeit aus, wie mit längerfristigen Projekten, wie mit einer stabilen Regierungsmehrheit für die Dauer von fünf Jahren? Kann dann der einzelne Abgeordnete mehr erreichen, sich besser einbringen, die Interessen seiner/ihrer Wählerinnen und Wähler besser vertreten? Ich denke, auch bei einer so radikalen Form der ständig freien Mehrheitsfindungen bräuchte es Elemente der Kontinuität, vor allem aber verpflichtende Zeiten des Innehaltens und des Nachdenkens. Es müssen zwischen dem Einbringen eines Gesetzesvorschlages (das ist ja meist nicht ein komplettes Gesetz mit zig Paragrafen sondern es werden einzelne Bestimmungen geändert) und der endgültigen Abstimmung mindestens zwei Wochen vergehen, in denen die Auswirkungen von innen und von außen gründlich geprüft werden und ich bin überzeugt davon: Kein einziges schaut danach noch so aus wie am Beginn.

Doch der Reihe nach. Es gibt so viele unterschiedliche Geschäfts- und Verfahrensordnungen wie Parlamente. Welches „das ideale" ist, weiß niemand. Was ich aber in der Folge beschreiben will, sind Ansätze eines idealen Parlaments, wie sie auch in der jüngeren Geschichte des österreichischen National- und Bundesrates zu finden sind.

Erwin Niederwieser

## 2. Wo geht's hier zum Unterrichtsausschuss?

1990 war ich selbst einer von ihnen und 1994, 1995, 1999, 2002 und 2006 habe ich sie beobachtet: Die „Neo-Abgeordneten".

Aus eigener Wahrnehmung drängte sich mir seit 1994 dabei immer das Bild der Mustangs und der Pferdekoppel auf: Wild und ungestüm kommen sie (in diesem Fall freiwillig) in eine große Koppel genannt „Parlamentsklub", voller Tatendrang und bereit, ein Stück der Welt zu verändern und umzusetzen. Deshalb haben sie sich um ein Mandat beworben, einen Wahlkampf geführt und wurden schließlich auch gewählt.

Dann folgen vier Wochen bis zur Konstituierung des neuen Nationalrates, die Angelobung und dann geschieht zunächst einmal fast nichts. Büros werden bezogen, Mitarbeiter/innen gesucht, eine Wohnung oder ein fixes Hotel ausgewählt und Ausschuss-Wünsche bekannt gegeben. Entscheidungen fallen zunächst noch keine denn es wird „regierungsverhandelt". Das kann dauern und in der Zwischenzeit sind die Mustangs mangels Zuwendung schon ein wenig ruhiger geworden.

Die meisten Abgeordneten haben einen Beruf oder einen bzw. mehrere inhaltliche Schwerpunkte und klar ist, dass man sich damit am besten in den entsprechenden

Ausschüssen einbringen kann. Da gibt es welche, bei denen herrscht großes Gedränge und andere, für welche Abgeordnete gesucht und verpflichtet werden müssen. Der Sozialausschuss oder der Unterrichtsausschuss sind beispielsweise begehrt. Das hängt wohl mit den Berufen der Mandatare zusammen und es ist auch kein schlechtes Zeichen für ein Parlament, wenn viele Abgeordnete der Bildung und dem Sozialwesen besonders zugetan sind.

Als studierter Erziehungswissenschafter, SP Landesbildungsvorsitzender und Leiter der Bildungsabteilung der Arbeiterkammer in Tirol war ich 1990 der Ansicht, ich *muss* in den Unterrichtsausschuss. Der war aber nicht nur voll sondern bereits übervoll und nur der Hilfe und dem Einfluss meines Mentors und Freundes Lothar Müller[1] und dessen freundschaftlichem Zureden hatte ich es zu verdanken, dass ein langjähriges Mitglied des Unterrichtsausschusses Platz für mich machte und ich schon rasch am Ziel meiner Ausschuss-Wünsche war, andere mussten und müssen länger warten. Der Justizausschuss war kein Problem, da wurde ich sogar sehr rasch stellvertretender Obmann und auch beim Wissenschaftsausschuss war der Andrang überschaubar. Dann ist es endlich so weit: Die Regierung ist gebildet, die Arbeit kann beginnen.

Erwin Niederwieser

# 3. Gesetzgebung wie sie „im Buche steht"

Natürlich hält sich das österreichische Parlament an den verfassungsmäßig vorgegebenen Weg der Gesetzgebung. Aber heißt das auch, dass der Gesetzgeber wirklich immer der Gesetzgeber ist?

**Der Initiativantrag**
Jederzeit können fünf Abgeordnete nach der Geschäftsordnung gemeinsam einen Gesetzesantrag einbringen und ich habe das auch immer wieder getan. D.h., Mitglieder der gesetzgebenden Körperschaft ergreifen die Initiative und schlagen den anderen Mitgliedern des Nationalrates vor, sie dabei durch eine Mehrheit zu unterstützen. Solche Initiativanträge gibt es tatsächlich tausende aber nur wenige schaffen es dann bis ins Bundesgesetzblatt. Zwei, auf die ich später noch eingehen werde, sind etwa der Antrag zu einer Novellierung des Bauträgervertragsgesetzes von Johann Maier und mir und der Antrag für eine umfassende Novellierung des Strafvollzugsgesetzes von Theresia Stoisits. Und um ehrlich zu sein: Nur wenige Abgeordnete setzen sich hin und formulieren solche Anträge vom ersten bis zum letzten Satz selbst[2], sondern es machen dies in der Legistik kundige eigene Mitarbeiter oder Mitarbeiter von Institutionen, denen diese Änderung ein Anliegen ist (Kammern, Landesschulrat, Universität usw.).

## Der Ministerialentwurf

Der übliche Weg, bei dem dann am Ende auch tatsächlich ein Gesetzesbeschluss herauskommt, ist der Initiativantrag aber keineswegs. Üblich ist zunächst die Erstellung eines Ministerialentwurfs durch die Beamten in den Fachabteilungen und in der legistischen Abteilung eines Ministeriums. Das kann in wenigen Wochen geschehen, es kann aber auch Monate und Jahre dauern. Der Entwurf für die im Dezember 2006 vereinbarte Novelle des Universitätsgesetzes wurde beispielsweise nach eineinhalb Jahren der Vorarbeit erst Mitte Juni 2008 in Begutachtung geschickt.

Dann folgt ein Begutachtungszeitraum, der im Idealfall nicht gerade in die Monate Juli und August fällt und zwei bis drei Monate dauert[3].

Auf Basis der einlangenden Stellungnahmen wird der Entwurf im Ministerium überarbeitet, was wiederum mehrere Wochen in Anspruch nimmt.

Dann bringt das zuständige Regierungsmitglied eine Regierungsvorlage in die Sitzung der Bundesregierung ein die von der Bundesregierung beschlossen und dem Nationalrat zugeleitet und dort einem Ausschuss zugewiesen wird.

Die Behandlung im zuständigen Ausschuss ist meist nach zwei bis drei Monaten abgeschlossen und der Ausschuss erstattet dem Plenum des Nationalrates einen „Bericht" d.h. der mehr oder weniger geänderte Gesetzestext wird samt Entschließungsanträgen und Ausschussfeststellungen oder Minderheitsberichten dem Plenum vorgelegt.

Dort wird der Gesetzesvorschlag dann diskutiert, allenfalls nochmals geändert und zunächst im Plenum des Nationalrates und dann wieder in Ausschuss und Plenum des Bundesrates beschlossen, von der Parlamentsdirektion endredigiert (d.h. die im Plenum beschlossenen

Änderungen gegenüber dem Ausschussbericht werden eingearbeitet) und nach Unterschrift durch den Bundespräsidenten im Bundesgesetzblatt verlautbart.

Alles in allem ist dies in der Regel ein Vorgang von 10 Monaten Dauer, es können auch nur drei bis vier oder zwölf Monate sein.

**Der Expresszug**
Wenn es ganz schnell gehen muss dann wird die Zeit bis zur Zuweisung an den Ausschuss durch einen Initiativantrag abgekürzt oder es gibt einen „§ 27 Antrag" und eine „Trägerrakete" d.h. eine umfangreiche Änderung wird möglicherweise erst im Ausschuss oder nach § 53 Geschäftsordnungsgesetz im Plenum des Nationalrates eingebracht und wenige Stunden später zur Abstimmung gebracht d.h. der Zeitraum, ab dem die meisten Abgeordneten zum ersten Mal den Text sehen und der Abstimmung ist dermaßen kurz, dass eine seriöse Befassung nicht möglich ist. Voraussetzung dabei ist, dass es die erwähnte Trägerrakete gibt d.h. einen Tagesordnungspunkt und einen Gesetzesantrag, zu dem die im letzten Augenblick geplante Änderung in einem inhaltlichen Zusammenhang steht. Ob das der Fall ist, entscheidet die vorsitzführende Präsidentin/der Präsident.

Beispielsweise steht gerade die Änderung des Kraftfahrgesetzes auf der Tagesordnung und es geht um neue Abgasnormen. Im gleichen Zeitraum ereignen sich mehrere Massenkarambolagen, deren Auslöser Autos mit Sommerreifen auf eisiger Straße sind. Die Massenmedien fordern, dass der Gesetzgeber endlich etwas tun muss. Mit einem § 27 Antrag wird umgehend im Kraftfahrgesetz die Winterreifenpflicht eingeführt.

Das mag manchmal sinnvoll sein, generell halte ich solche Schnellschüsse für schädlich.

Natürlich braucht es dafür Abgeordnete, die diese Anträge einbringen und solche, die sie beschließen und rückblickend betrachtet zählen diese Beschlüsse zu den unangenehmsten Erfahrungen, wenn ich etwa an den Beschluss über die Handypeilung denke.

Im Normalfall sind die Abgeordneten also im Ausschuss und im Plenum an der Reihe, über das Gesetz zu befinden und dort ihre Vorstellungen und Vorhaben einzubringen. Doch da ist es meist schon zu spät denn die Arbeit beginnt in Wirklichkeit schon viel früher.

Erwin Niederwieser

# 4. Gesetzgebung wie sie nicht „im Buche steht"

In den Jahren meiner Abgeordnetentätigkeit habe ich sicher 200 Fragebögen beantwortet und 300 Interviews mit angehenden oder absolvierten Politikwissenschaftern/innen geführt bei denen es immer um dieselbe Frage ging: Wo ist das Zentrum der Macht, wie werden Gesetze wirklich auf den Weg gebracht, wie sieht die Realverfassung aus?

Das ist wie bei guten Köchen: Es gibt nur wenige und die geben nie ihr ganzes Wissen preis, nicht einmal in ihren eigenen Kochbüchern. Wer beispielsweise die Reden der Abgeordneten im Plenum des Nationalrates zur Novelle zum Bauträgervertragsgesetz nachliest wird nicht wissen, wie es wirklich zu diesen für viele Häuslbauer und Wohnungskäufer wichtigen und nützlichen Änderungen gekommen ist[4].

In den im Folgenden beschriebenen Phasen des Gesetzgebungsverfahrens spielen die Bereichssprecher/innen und die Klubvorsitzenden eine entscheidende Rolle. Am Beginn der Arbeiten im Ministerium steht nämlich eine Liste der Reformen, die mit einer Gesetzesänderung oder einem neuen Gesetz beabsichtigt sind. Die Entscheidung darüber trifft die Ministerin/der Minister aufgrund von Vorschlägen seiner fachkundigen Mitarbeiter/innen.

In vielen Fällen handelt es sich um Vorhaben, die in Regierungs- oder Koalitionsverhandlungen vereinbart wurden. An diesen sind Bereichssprecher von späteren Regierungspartnern meist direkt beteiligt[5] oder sie gehören jener Arbeitsgruppe an, welche die Verhandler berät.

**Der Einfluss auf den Ministerialentwurf**
An der Erstellung der Ministerialentwürfe arbeiten in den Ministerien meist kleinere Teams von einigen Personen und für die Einflussnahme auf den Inhalt eines solchen Entwurfes gibt es eine Reihe von Möglichkeiten, die es passend einzusetzen gilt. Die naheliegendste ist der Einfluss über die Ministerin/den Minister, eine zumindest ebenso wirksame und meist unkompliziertere führt über die Mitarbeiter dieser Teams; ich hatte die Situation, dass ich viele Personen in den Ministerien bereits lange persönlich kannte und daher meist wusste, an welchen Projekten gerade gearbeitet wird und meine Vorstellungen dazu einfließen lassen konnte. Das ist übrigens eher eine Frage der fachlichen Kompetenz als der Parteipolitik zumal viele Themen weniger eine parteipolitische als eine sachbezogene und wissenschaftlich-fachlich fundierte Lösung verlangen. Viele Jahre nach meinem Eintritt in die Politik wurde dafür auch ein Begriff gefunden – „Evidence based Policy".

Je nach Bedeutung eines Gesetzes war es in meiner Zeit als Wissenschafts- und Bildungssprecher üblich, dass Vorhaben des Ministeriums auch in einem größeren Kreis besprochen wurden. Auf Rat unseres Klubexperten Kurt Schober hatten wir dafür die „Initiative Bildung aktuell" kreiert, die alle drei bis vier Monate eingeladen wurde. Teilnehmer waren die Vertreter/innen der Schulpartner also der Sozialdemokratischen Fraktion der Lehrergewerkschaften, der sozialdemokratische Lehrerverein, die Aktion Kritischer Schülerinnen und Schüler, Kinderfreunde, Mitglieder der Dachverbände der Elternorganisationen, Sozialpartner usw.

Manche Themen haben wir schon in einem Stadium behandelt, als im Ministerium erst mit konzeptionellen Überlegungen begonnen wurden, in anderen Fällen war Gegenstand der Diskussion in der „Initiative Bildung aktuell" ein Ministerialentwurf, ehe er in den Ministerrat gebracht wurde, fast regelmäßig auf der Tagesordnung standen die Regierungsvorlagen und selten wurde über erledigte Gesetzesbeschlüsse diskutiert.

**Bei der Regierungsvorlage reden viele mit, die nicht in der Regierung sind**

Die Phase zwischen Ende des Begutachtungsverfahrens und Einbringung einer Regierungsvorlage ist die entscheidende, um Einfluss auf den Gesetzgebungsprozess zu nehmen. Die Regierungsvorlage muss zwischen den Koalitionspartnern akkordiert sein, um überhaupt auf die Tagesordnung der Regierungssitzung zu gelangen. Sie muss andererseits auch bereits so aussehen, dass die Abgeordneten der Regierungsparteien sie im Ausschuss nicht blockieren werden.

Ein besonders positives Beispiel, wie das Ergebnis des Begutachtungsverfahrens in eine Regierungsvorlage eingearbeitet wird, war das Universitätsstudiengesetz 1997 unter Minister Caspar Einem. Der Minister war damit einverstanden, dass VP Wissenschaftssprecher Univ. Prof. Dr. Lukesch und ich mit den Beamten des Ministeriums diese Regierungsvorlage ausarbeiten. Wir sind, verteilt auf eine Zeit von etwa vier Monaten, sicher mehr als 50 Stunden im Büro des zuständigen Sektionschefs Dr. Höllinger gesessen und haben Thema für Thema, Stellungnahme für Stellungnahme und Zeile für Zeile besprochen.

Trotz dieser Einigung auf der Ebene der Koalitionspartner haben wir für die danach folgende parlamentarische Beratung noch einen Unterausschuss eingesetzt, in dem an die 30 Expertinnen und Experten gehört wurden und dann war der Bericht des Wissenschaftsausschusses und das neue Gesetz fertig. Von Caspar Einem kam dazu in der Diskussion der Vorwurf von der Regierungsbank, wir hätten „sein" Gesetz arg „verwässert" und diese Gefahr besteht tatsächlich wenn man im Bestreben, es allen Recht zu machen, letztlich das Ziel einer Novelle aus dem Auge verliert.

**Auch Regierungsvorlagen werden verändert**
Ein anderes Beispiel für tiefreichende Veränderungen, allerdings zwischen Regierungsvorlage und Beschlussfassung im Plenum, ist die Abschaffung der Zweidrittelmaterien im Bereich der Schulgesetze 2005.

Unter Bildungsfachleuten war diese Vorgabe aus dem historischen Schulkompromiss des Jahres 1962 unbestritten ein Reformhindernis: Ohne Konsens der beiden Großparteien konnte an wichtigen Schulgesetzen, insbesondere am Schulorganisationsgesetz, am Schulpflichtgesetz, am Schulzeitgesetz und teilweise auch am Schulunterrichtsgesetz nichts geändert werden. Von der Einführung eines neuen Schulfaches bis zu den Regeln über den täglichen Unterrichtsbeginn – alles brauchte eine Zweidrittelmehrheit.

In der SPÖ gab es nicht wenige, die daran nur in Sonntagsreden etwas auszusetzen hatten, in Wahrheit aber ganz gut damit leben konnten, war es doch auch eine einfache Begründung (manchmal vielleicht sogar Ausrede) warum dies oder jenes nicht möglich war.

In der Zeit der Schüssel-Haider Regierung war diese

Zweidrittelmehrheit in der SPÖ natürlich besonders geschützt, gab sie uns doch die Möglichkeit, reaktionäre schwarzblaue Veränderungen im Schulsystem zu verhindern. Ministerin Gehrer ihrerseits war es lästig, dauernd mit der SPÖ verhandeln zu müssen. Meine Argumentation, der sich auch Parteivorsitzender Gusenbauer angeschlossen hat, war einfach: Es geht nur jetzt und es kann auch praktisch nichts passieren, denn viel rückschrittlicher kann man ein Bildungssystem nicht konstruieren als eines, das seit 1962 keine grundlegende Reform mehr erlebt hat. Wenn sich also jemand davor fürchten muss, dass künftig Veränderungen mit einfacher Mehrheit möglich sind, dann sind es die Konservativen.

Gehrer und Gusenbauer waren sich einig, das Projekt wurde auf Schiene gebracht und nach einem Begutachtungsverfahren auch eine Regierungsvorlage dem Parlament zugeleitet.

Die beharrenden Kräfte waren zutiefst irritiert: Sollte es tatsächlich Ernst werden mit der Abschaffung der 2/3-Mehrheit für Schulgesetze?

Aus unterschiedlichsten Motiven wurden überlebenswichtige Einschränkungen formuliert:

Die rechts von Gehrer stehenden ÖVP Bildungspolitiker (und das waren deutlich mehr als jene links von ihr) brauchten eine Garantie gegen die Einführung der Gesamtschule, die Kirche wollte Sicherheit gegen die Abschaffung des Religionsunterrichts, die Gewerkschaftsjugend legte Wert auf den verpflichtenden Berufsschulunterricht, die Arbeiterkammer auf die Schulgeldfreiheit usw.

Das Projekt stand auf der Kippe, es gab hektische Gespräche auf höchster Ebene und selbst während meiner Teilnahme an einem Begräbnis meines Volksschuldirektors in Osttirol war ein Telefonat unabweislich – der Parteivorsitzende saß gerade mit dem Kardinal zusammen und brauchte meine Meinung zu einem Kompromissvorschlag. Da es sich um eine religiöse Angelegenheit handelte, hoffe ich, dass mir der Verstorbene verzeihen wird.

Das Ergebnis ist bekannt und es besteht kein Zweifel, dass es für die Einführung der flächendeckenden Gesamtschule in Österreich keine Zweidrittelmehrheit mehr braucht, da die Vorschrift, dass es im Sekundarschulbereich eine Differenzierung vorzunehmen ist, durch die Differenzierung in allgemeinbildende und berufsbildende Schulen in der Sekundarstufe 2 leicht eingehalten werden kann. Die Äußerung von Ministerin Gehrer, die Gesamtschule wäre nicht möglich und man habe stattdessen eine Differenzierung erreicht, diente eher der Beruhigung der eigenen Leute, weil der Beschluss im Plenum erst zu fassen war. Gusenbauer, Gehrer, Schönborn, Mann, Schnizer, Amon, Schober, Riemer … diese Namen fallen mir ein wenn ich mich frage, wer mir in dieser Sache besonders geholfen hat und ich entschuldige mich bei jenen, die eine Nennung ebenfalls verdient hätten.

Bei diesem Thema war das Parlament ungeheuer wichtig und entscheidende Schritte erfolgten in Verhandlungen zwischen Amon und mir und die Mitarbeiter, die bei diesen Gesprächen dabei waren, habe ich als sehr nützlich erlebt.

Um die Katholische Kirche als mächtigen Verbündeten zu überwinden, brauchte es Alfred Gusenbauer und die ÖVP zu „überzeugen" war ohne Elisabeth Gehrer nicht denkbar.

Dabei schildere ich hier nur einen Bruchteil dessen, was in diesen Tagen in den Monaten März, April und Mai 2005 geschehen ist, aber es war sicher einer der längerfristig bedeutsamsten Beschlüsse des Nationalrates, dieses Blockadeinstrument des Jahres 1962 zu beseitigen.

**Besonders nützlich: Der Unterausschuss**

Das erste Beispiel für die konstruktive Arbeit in einem Unterausschuss erlebte ich bei der Strafvollzugsgesetznovelle 1993: SPÖ und ÖVP waren in Koalition, Michael Graff war Obmann des Justizausschusses und Nikolaus Michalek war parteifreier Justizminister. Graff war mit den bisherigen Arbeiten des Ministeriums für einen modernen Strafvollzug nicht zufrieden und die Bereichssprecher einigten sich kurzerhand darauf, den umfassenden Antrag der Grünen Theresia Stoisits zu diesem Thema einem Unterausschuss zuzuweisen und dort die Arbeiten an einem neuen Strafvollzugsgesetz zu erledigen.

Thema für Thema wurde der Strafvollzug durchgegangen, von der Gefangenenarbeit und deren Entlohnung über die Zellenausstattung und die Möglichkeiten eines ungestörten Besuchs bis zur Phase der bevorstehenden Entlassung und Wiedereingliederung in das gesellschaftliche Leben. Je Thema war mindestens ein Halbtag vorgesehen und die Abgeordneten diskutierten mit den ExpertInnen des Ministeriums, Praktikern aus dem Strafvollzug, Anwälten, Angehörigen, ausländischen Fachleuten, Psychologen usw. Graff versuchte, das Ergebnis einer solchen Diskussion zusammenzufassen und hielt fest, wo seiner Meinung nach Konsens bestand. Daraus formulierten die Legisten des Justizministeriums bis zur nächsten Sitzung das entsprechende Kapitel im Strafvollzugsgesetz und in der Zeit der Vorbereitung der Sitzung bzw. bei dieser selbst wurde besprochen, ob diese Formulierungen die Meinung des Unterausschusses trifft oder was noch zu ändern ist. Das Ergebnis dieser Arbeit war ein durchaus modernes Strafvollzugsgesetz, das in großem Konsens beschlossen werden konnte.

Voraussetzung für ein solches Vorgehen war eine starke und fachlich kompetente Persönlichkeit an der Spitze des Ausschusses, die Unterstützung aller anderen Fraktionen und wohl auch der Umstand, dass Dr. Michalek parteifrei war. Er hatte keinen Parteivorstand, in den er hätte gehen können, um sich über Graff zu beschweren. Das besonders befriedigende an der sicher vielen Arbeit in diesem Unterausschuss war, dass jeder Vorschlag diskutiert wurde und eine Chance hatte, in das Gesetz aufgenommen zu werden, egal von welcher Fraktion er gekommen ist.

**Schwierigkeiten für Regierungsvorlagen ohne vorherige Abstimmung mit den Bereichssprechern**
Rein formal gesehen kann die Bundesregierung ohne Rücksprache mit den Parlamentsklubs dem Nationalrat eine Regierungsvorlage zuleiten, sie riskiert allerdings, dass sie dann im zuständigen Ausschuss gar nicht behandelt, nie beschlossen oder stark verändert wird. Wie hier verfahren wird, hängt sehr stark auch von den Klubvorsitzenden ab: Alle SP Klubvorsitzenden, die ich erlebt habe (Fuhrmann, Kostelka und Cap), haben sehr darauf geachtet, dass Regierungsvorlagen zuvor ausführlich mit den Bereichssprechern besprochen wurden. Das kann manchmal auch zu Konflikten führen und am längeren Ast sitzt scheinbar der Nationalrat, weil weder Minister noch Regierung ein Gesetz beschließen können – andererseits kann auch der Nationalrat bei einer funktionierenden Regierungskonstellation kein Gesetz gegen die Regierung beschließen, und wenn er es doch tut, dann spießt es sich bei der Umsetzung.
Dafür gibt es viele Beispiele, zwei seien erwähnt:
So wurde durch eine Novelle im Studienförderungsgesetz zwar die Möglichkeit verankert, durch gemeinnützige Arbeit die Studiengebühr zu vermeiden. Da BM Dr. Hahn

aber kein Freund dieser Lösung war, haben die Beamten seines Ressorts jeden kleinsten Einwand so lange hin- und her-erwogen, bis sich durch die vorgezogene Neuwahl das Thema von selbst erledigt hat und ich würde mich sehr wundern, würde es in einer neuen Koalitionsvereinbarung wieder auftauchen.

Dass dies nicht nur einem Kanzler und einem Vizekanzler widerfahren kann zeigt das andere Beispiel der Gründung einer Kunstuniversität in Innsbruck.

ÖVP Wissenschaftssprecher NR Univ. Prof. Lukesch und ich waren uns einig: Innsbruck braucht eine Kunstuniversität oder zumindest eine Kunstfakultät. Der Hauptgrund war, dass nur sehr wenige Bürger unseres Bundeslandes sich um die Aufnahme in einer fernen Kunstakademie beworben haben, nur ein kleiner Teil von ihnen aufgenommen wurde und von den AbsolventInnen wiederum nur sehr wenige in die Tiroler Schulen zurückkehrten. Die Folge war ein Anteil von weniger als 50% an ausgebildeten KunsterzieherInnen in den Tiroler Schulen. Der damalige Wissenschaftsminister Dr. Einem und der Leiter der Hochschulsektion Dr. Höllinger waren von diesem Plan wenig begeistert, konnten ihn aber nicht verhindern, weil wir uns in unseren Klubs schon die nötige Zustimmung gesichert hatten und tatsächlich wurde es schließlich auch beschlossen.

Die Umsetzung freilich oblag wiederum dem Ministerium und der von mir durchaus geschätzte Sektionschef Höllinger wusste nur zu gut, wie man das auf die lange Bank schieben kann – die Kunstuni gibt es bis heute nicht.

Erwin Niederwieser

## 5. Parlamentarismus wie er öfters sein könnte

Es gibt aber auch andere Beispiele.

Die Einrichtung eines Unterausschusses des Unterrichtsausschusses, er wurde auch kurzerhand „Bildungsreformausschuss" genannt, im Jahr 2007 ist ein solches.

Ihm lag die Idee zugrunde, große Themen des Koalitionsabkommens mit Expertinnen und Experten im Parlament aufzubereiten und Grundlinien zu besprechen, wie in der Folge eine gesetzliche Regelung aussehen könnte. Der Themenkatalog war lang, in der kurzen Zeit der Gesetzgebungsperiode konnten allerdings nur drei davon auch wirklich bearbeitet werden.

Neben einem frühzeitigen Einfluss auf diese Themen sehe ich den besonderen Vorteil in der Einbeziehung aller Fraktionen und deren ExpertInnen. Dass dies auch dazu führen könnte, wichtige Themen zu versachlichen, aus parteipolitischen Positionierungen heraus zu halten und vielleicht sogar zu einstimmigen Beschlüssen zu gelangen, war eine Erwartung, die auch teilweise erfüllt wurde.

Der Vorteil einstimmiger Beschlüsse liegt auf der Hand: Gerade bei Neuerungen, wie sie die Einführung von Bildungsstandards oder die Frühförderung vor dem Eintritt in die Schule darstellen, sind auch Widerstände zu erwarten und die Einführung fällt leichter, je mehr Parteien sie unterstützen. Dies mag zunächst auch als ein Vorteil für die Regierungsparteien erscheinen, der eigentliche Gewinn liegt aber darin, dass mehr Meinungen einbezogen werden, dass auch die Oppositionsparteien in dieser Phase ihre Vorschläge und Einwände einbringen und diese berücksichtigt werden können und dass damit die Lösung insgesamt besser und dauerhafter wird.

Obwohl zwischen VP Bildungssprecher NR Neugebauer und mir schon im Frühjahr über die Einrichtung eines solchen Ausschusses Konsens erzielt wurde, dauerte es bis zum 29. 11. 2007, bis dieser Ausschuss auch formell eingesetzt werden konnte.

Die erste Sitzung am 29. 1. 2008 befasste sich mit der „Erstellung eines nationalen Bildungsplanes für das letzte Kindergartenjahr und der frühen Sprachförderung"

Als Expertinnen und Experte waren geladen:
- Universitätsprofessor DDr. Christiane Spiel vom Institut für Wirtschaftspsychologie, Bildungspsychologie und Evaluation der Universität Wien
- ao. Univ.-Prof. Rudolf de Cillia vom Institut für Sprachwissenschaften der Universität Wien,
- Birgit Eder vom Amt der Tiroler Landesregierung, Fortbildungsstelle für das Personal in Kindergärten, Horten und Kinderkrippen (Abteilung Bildung, Referat Schulorganisation und Kinderbetreuung) und
- MR Mag. Maria Dippelreiter vom Bundesministerium für Unterricht, Kunst und Kultur, Abteilung II/5 (Bildungsanstalten für Kinder und Sozialpädagogik).

Die Ergebnisse der Beratungen bildeten in der Folge eine wichtige Grundlage für die Art 15a Vereinbarung zwischen Bund und Ländern über den Ausbau der Sprachförderung im Kindergarten, die Sprachstandsfeststellungen und eine Verpflichtung für die Eltern, die für die Kinder angebotenen Förderprogramme auch zu nutzen.

Die zweite Sitzung am 5. 3. 2008 hatte das Thema „Bildungsstandards" als Schwerpunkt.

Als Expertin und Experten waren geladen:
- Mag. Josef Lucyshyn vom Bundesinstitut für Bildungsforschung, Innovation und Entwicklung des Bildungswesens
- Mag. Dr. Werner Specht vom Bundesinstitut für Bildungsforschung, Innovation und Entwicklung des Bildungswesens
- Bezirksschulinspektorin Johanna Kunovjanek und
- Sektionschef Dr. Anton Dobart vom Bundesministerium für Unterricht, Kunst und Kultur.

Auch in diesem Fall waren die Beratungen im Ausschuss die Grundlage für die spätere schulrechtliche Verankerung der Bildungsstandards. Wichtige Diskussionspunkte, die teilweise nach wie vor unterschiedlich gesehen werden, waren der Zeitpunkt der Testungen (8. und 12. Schulstufe oder 7. und 11. Schulstufe), die Funktion der Standards als Rückmeldung über die Leistungen des Systems Schule oder auch als Faktor der Leistungsbeurteilung und Benotung und das Tempo der Einführung der Standards. In der Sitzung wurde klar, dass die Erwartungen gegenüber diesem neuen Instrument der Qualitätssicherung sehr vielfältig waren und dass es nicht um einen zusätzlichen Test sondern um eine grundlegende Änderung in der Unternehmenskultur in den Schulen geht. Allein die Möglichkeit, die vielen auftauchenden Fragen durch die anwesenden ExpertInnen beantwortet zu erhalten, wurde von den Abgeordneten durchwegs als positiv bewertet.

Die faktisch letzte Sitzung am 28. 5. 2008 behandelte das Thema „Sonderpädagogischer Förderbedarf".

Als Expertinnen und Experten waren geladen:
- Prof. Dr. Ewald Feyerer (Pädagogische Hochschule OÖ)
- Mag. Judith Stender (Integrationsberatungsstelle des Stadtschulrats für Wien)

- Dr. Hedwig Trucker, (Volksschule, Draschestraße 96, 1230 Wien)
- Irmtraud Fian (Sonderschullehrerin an einer Sondererziehungsschule; Gewerkschaft Öffentlicher Dienst) und
- Ministerialrätin Mag. Lucie Bauer (Abteilung I/8 – Sonderpädagogik, BMUKK).

Die Ergebnisse dieser Runde werden erst in der kommenden Gesetzgebungsperiode realisiert werden können.

Zur Liste der ExpertInnen ist generell festzuhalten, dass wir uns bemüht haben, über die Klubmitarbeiter möglichst alle Vorschläge zu berücksichtigen. Mir wäre eine noch ausführlichere Beratung und die Einbeziehung ausländischer ExpertInnen wichtig gewesen, letztlich sollte aber ein Kompromiss gefunden werden, der den Interessen aller Ausschussmitglieder Rechnung trägt.

Neben den oben erwähnten Vorteilen einer solchen Vorgangsweise ist es mit diesem Instrument auch gelungen, die Rolle des Nationalrates als Gestaltungsorgan zu stärken. Die am Ende der Sitzung durchgeführten Pressekonferenzen fanden sehr großes Interesse und vermittelten auch ein Bild eines Nationalrates, in dem nicht nur gestritten sondern konstruktiv und mit großer Sachkunde gearbeitet wird. Auch Unterrichtsministerin Dr. Claudia Schmied betonte mehrfach, dass sie diese Vorarbeiten auf parlamentarischer Ebene als große Hilfe in der Umsetzung dieser Projekte erlebt hat.

Erwin Niederwieser

# 6. Eins ist nicht 92 – wie viele Menschen braucht es für EIN Gesetz?

Kein Abgeordneter beschließt ein Gesetz allein, in den meisten Fällen braucht es eine einfache Mehrheit der 183, manchmal sogar eine Zweidrittelmehrheit. Diese scheinbare Banalität ist das Wesen des Parlamentarismus und auf diesem Instrument der Mehrheitsfindung spielen zu können scheidet bei den Abgeordneten die Spreu vom Weizen.

In den 18 Jahren im Nationalrat habe ich keine Zeit erlebt, in der eine Parlamentspartei allein eine Mehrheit gehabt hätte und das wird auch in absehbarer Zeit so sein. Das bedeutet, wenn zwei oder mehr Parteien eine Regierungsmehrheit bilden, müssen zunächst die für ein Thema verantwortlichen Abgeordneten (Bereichssprecher) Konsens erzielen. Wenn es sich um einen parlamentarischen Initiativantrag handelt, ist in der Regel die Zustimmung der Klubführung (Klubobmann/-frau) oder der Klubvollversammlung nötig und diese gibt es dann, wenn auch das zuständige Ministerium seine Zustimmung dazu gibt. Handelt es sich um finanziell relevante Beschlüsse, dann muss auch der Finanzminister zustimmen. Damit kommen neue Akteure ins Spiel: die Mitarbeiter/innen in den Ministerien und in den Ministerbüros.

## Die wichtige Rolle der Beamten und der Mitarbeiter in den Parlamentsklubs

Meine Erfahrung ist: Am leichtesten geht etwas, wenn die zuständigen Beamten im Ministerium zustimmen und eine Anregung oder einen Vorschlag in einen Ministerialentwurf aufnehmen. Am schwierigsten ist es, wenn man zwar das zuständige Regierungsmitglied für eine Idee gewonnen hat, wenn aber die zuständigen Beamten dagegen sind. Das Verhältnis zwischen den Beamten eines Ressorts und den Mitarbeitern/innen im Ministerbüro ist so verschieden wie die handelnden Personen. Da gibt es alles zwischen blindem Vertrauen und grundsätzlichem Misstrauen, meist ist das aber nicht abhängig von den parteipolitischen Konstellationen. Die Kunst des/der Abgeordneten besteht darin, den Beginn des richtigen Fadens zu finden, von dem aus der Knäuel aufgerollt werden kann. Kenntnisse in der Sache und Kenntnisse der handelnden Personen sind von unschätzbarem Vorteil.

Wie bei den Ministern/innen einer Koalitionsregierung hängt auch vieles davon ab, wie gut die Bereichssprecher/innen „miteinander können". Da gab und gibt es Meister, Lehrlinge und Pfuscher. Am bekanntesten waren stets die Pfuscher, nicht nur weil „ihre" Gesetze dauernd repariert werden mussten, sondern weil ihr Streit die Öffentlichkeit unterhalten hat und dabei nichts weiter gegangen ist. Das heißt nicht, dass die handelnden Personen von der Materie nichts verstanden hätten, aber sie haben es nicht verstanden, scheinbar oder tatsächlich unterschiedliche Positionen zu einer Lösung zusammen zu führen.

Dann gab es andere, die nicht nur die Positionen der Koalitionsparteien unter einen Hut brachten sondern auch noch die Oppositionsparteien mitnehmen konnten. Als typische Verhandler solcher „einstimmigen" Gesetze nenne ich Jakob Auer und Kurt Eder. Wer kennt sie? Der eine ÖVP Abgeordneter und in den Bereichen Finanzen, Kommunales und Landwirtschaft versiert und der andere SPÖ Mandatar und mit den Bereichen Energie, Verkehr und Technologie vertraut und in ihrer Bedeutung für das reale Leben vieler Bürger sicher bedeutsamer, aber wegen der Erledigung der Streitpunkte im Vorfeld und der konsensualen und daher meist auch nur kurzen Behandlung im Plenum nur wenigen bekannt.

### Fachhochschulabsolventen werden „A-wertig"

Wie dieses Zusammenwirken von Abgeordneten, Mitarbeitern und Ministern zunächst nicht und dann gut funktionieren kann, zeigt das Beispiel von der „A-Wertigkeit von Fachhochschulabsolventen/innen".

Nach dem Beamtendienstrecht sind Akademiker/innen in die höchste Gehaltsstufe „A" eingestuft. Bei der Beschlussfassung des FHStG im Jahr 1993 gab es einen Einspruch des Finanzministers in Form einer „Protokollanmerkung" zum Protokoll des Ministerrates. Der Finanzminister stimmte der Weiterleitung der Regierungsvorlage an den Nationalrat nur zu, wenn es keine „A-Wertigkeit" für die Absolventen/innen der FH-Studiengänge gibt. Die Gründe waren einerseits finanzieller Art (wegen der zu erwartenden höheren Personalausgaben sowohl beim Bund als auch bei den Ländern und Gemeinden) und standespolitischer Art, weil einige Doktoren im Finanzministerium und im dienstrechtlich zuständigen Bundeskanzleramt nicht einsehen wollten, dass FH-Absolventen ihnen gleichgestellt sein sollten. Wissenschaftsministerium und Parlament haben sich mit dieser Einschränkung zunächst abgefunden, um dieses wichtige Gesetz beschließen zu können. Es folgten die Regierungen nach den Nationalratswahlen der Jahre 1994, 1995, 2000 und 2002 und in all den Jahren gab es Bemühungen, die FH-Absolventen/innen auch im öffentlichen Dienst als Akademiker anzuerkennen. Die Sparbudgets dieser Jahre waren nicht gerade dazu angetan, die Befürworter diesem Ziel näher zu bringen und so hieß es warten, bis sich unter Beamtenministerin Doris Bures in mehrfacher Hinsicht eine neue Situation ergab: Erstens hatte Bures dieses Anliegen schon als Abgeordnete unterstützt, zweitens hatte sie in ihrem Ministerbüro einen betroffenen FH-Absolventen als zuständigen Referenten und drittens hatte sie die Kraft, sich über die nach wie vor bestehenden Einwände ihrer Beamten hinwegzusetzen und ein über 14 Jahre ungelöstes Problem wurde mit einer der ersten Dienstrechtsnovellen ihrer kurzen Amtszeit mehr oder weniger von der Öffentlichkeit unbemerkt und von den Betroffenen unbedankt gelöst – mit einer Ausnahme: die Absolventen des FH-Studienganges für militärische Führung. Hier ließ sich das standespolitische Denken altgedienter Offiziere („es kann nicht sein, dass junge FH-Absolventen gleich eingestuft werden wie wir nach xx Dienstjahren") noch nicht überwinden aber neue Initiativen aus dem Offizierskreis selbst lassen auch hier auf eine Lösung in den nächsten Jahren hoffen.

Erwin Niederwieser

# 7. Und wo bleiben die Bürger?

Die Demokratiewerkstatt

Fangen wir bei den Jüngsten und Jüngeren an, die zumeist noch nicht wahlberechtigt sind, aber auch Interessen haben. Obwohl Peter Merschitz in seiner Untersuchung[6] zum Ergebnis kommt, dass sich die Jugend praktisch nicht für Politik interessiert, gibt es sie: Die politikbegierigen Kids und Teens.

Sie durchschwärmen bei Kinder- und Jugendparlamenten die heiligen Hallen, frequentieren die Räume der Demokratiewerkstatt im Palais Epstein und machen sich mit Kamera und Mikrofon in der Gegend rund um das Palais Epstein auf die Suche nach Antworten Erwachsener auf aktuelle politische Themen.

Solche Versuche, die von den Betroffenen selbst artikulierten Schülerinteressen direkt in die Arbeit des Nationalrates hereinzunehmen, hat es systematisch und im Einzelnen schon zahlreich gegeben, z. B. den Antrag Niederwieser/Brosz zur Umsetzung der Ergebnisse des Kinderparlaments.

Ein sehr erfolgreiches und dauerhaftes Projekt ist die unter Nationalratspräsidentin Mag. Barbara Prammer begonnene Demokratiewerkstatt des Parlaments.

Im Frühjahr 2008 gab es Gespräche mit den Mitarbeitern/innen der Demokratiewerkstatt, um sie auch für bildungspolitische Themen zu aktivieren. Die Idee war, mit den in der Demokratiewerkstatt anwesenden Schülerinnen und Schülern jene Themen zu besprechen, die in absehbarer Zeit auch im Unterrichtsausschuss des Nationalrates behandelt werden. Die Ergebnisse der Arbeit der Schülerinnen und Schüler in der Demokratiewerkstatt sollen dann in die Arbeit des Ausschusses eingespielt werden.

An die Schülerinnen und Schüler wurden Fragebögen ausgegeben, in welchen sie Themen ankreuzen konnten, die sie besonders interessieren und die sie mit Parlamentariern diskutieren wollen. Es waren dies der Übergang vom Kindergarten in die Schule, Erfahrungen mit ganztägigen Schulen, wie stellen sich Schüler einen guten Lehrer vor, wie soll man mit Gewalt und Störenfrieden umgehen, interkulturelles Lernen, Schuldemokratie, was ist guter Unterricht, was brauche ich für eine Bildungswegentscheidung mit 14 usw.

Die Ergebnisse sollten Mitte Oktober 2008 den Mitgliedern des Unterrichtsausschusses präsentiert werden, dazu war die Herausgabe einer Sondernummer der Demokratiewerkstatt-Zeitung und Ende November eine eigene größere Veranstaltung der Demokratiewerkstatt geplant (gewesen).

Wie dieses Projekt aufgrund der vorzeitigen Wahlen weitergeht, wird sich erst zeigen.

Solche Projekte könnte es öfters geben. Dass dies nicht der Fall ist hat weniger mit einer Gesprächsverweigerung seitens der Politik als vielmehr mit den begrenzten Zeitbudgets und ein wenig mit der Koalitionsvereinbarung zu tun. So spannend und auch lohnend es ist, mit Schülern/innen einige Stunden zu diskutieren, den meisten Abgeordneten fehlt dafür einfach die zusätzlich nötige Zeit. Außerdem sind die zu beschließenden Vorhaben in einer

Koalitionsvereinbarung bereits ausgemacht und etwas Zusätzliches kann nur beschlossen werden, wenn auch der andere Partner einverstanden ist.

**Bürger wünschen – die Abgeordneten spielen**
Bürgerwünsche machen das Leben der Abgeordneten abwechslungsreich. Das lässt sich an vielen Beispielen deutlich machen, nehmen wir ein kleines, scheinbar Unwesentliches: Das Halbjahreszeugnis in den Abschlussklassen der berufsbildenden mittleren und der allgemeinbildenden und berufsbildenden höheren Schulen.

Es war, soweit ich mich erinnere, der Beschluss einer Tagung einer ÖVP-Schülervertretung, diese Halbjahreszeugnisse abzuschaffen. NR Werner Amon war damals Bildungssprecher der ÖVP und hat bei einem Gespräch über eine gerade anstehende Novelle zum Schulunterrichtsgesetz über diese Initiative berichtet. Sie war damit begründet, dass in den Abschlussklassen ohnehin bereits bald nach Ende des Wintersemesters die Abschlussprüfungen beginnen und meist bereits im Mai die Maturabzw. Abschlusszeugnisse ausgestellt würden und dass diese Maßnahme daher eine Beseitigung eines unnötigen Verwaltungsaufwandes inklusive der notwendigen Notenkonferenzen etc. sei. Außerdem könne man den Schülerinnen und Schülern den Stress einer Prüfung ersparen. Das schien einleuchtend und das Halbjahreszeugnis wurde binnen weniger Wochen für die Abschlussklassen aus dem Gesetz gestrichen.

Doch schon bald tauchte ein neuer Aspekt auf, der nicht bedacht worden war (es gab auch kein Begutachtungsverfahren). Die erste war eine Schülerin einer dreijährigen berufsbildenden mittleren Schule aus Oberösterreich, die mir in einem Mail im März 2007 mitteilte, sie schreibe gerade eine Reihe von Bewerbungen und die Firmen möchten eine aktuelle Leistungsübersicht in Form eines Halbjahreszeugnisses und das Jahreszeugnis der dritten Klasse sei dafür nicht geeignet. Sie habe sich im letzten Halbjahr stark verbessert, bekomme aber dafür seit Neuestem kein Zeugnis mehr.

Was tun?

Zunächst einmal galt es zu verifizieren, ob das ein Einzelfall ist oder ob das viele betrifft d.h. Gespräche mit Lehrern und Personalverantwortlichen in Betrieben zu führen. Das Ergebnis dieser Gespräche war eindeutig: Dieses Halbjahreszeugnis schien jedenfalls bei BMS Schülern/innen doch wichtig zu sein weil diese ja in der Regel – anders als die Maturanten/innen – nicht weiter studieren sondern sich tatsächlich spätestens im letzten Semester um Arbeitsstellen bewerben und die Betriebe für eine Art Erstauswahl in den Zeugnissen eine gute Informationsquelle sehen.

Es folgten Gespräche mit den anderen Parlamentsklubs, dem Ministerium, der Lehrergewerkschaft, der Elternvertretung und der Schülervertretung – und alle wollten dieses Semesterzeugnis wieder und so wurde es mit einem Abänderungsantrag Niederwieser/Neugebauer im Dezember 2007 für die berufsbildenden mittleren Schulen wieder eingeführt. Schon damals gab es Stimmen, dass auch BHS-Maturanten/innen an diesen Halbjahreszeugnissen interessiert sein könnten, weil auch diese nicht nur an Universitäten weiterstudieren, sondern sich um Aufnahmen in Betrieben oder an Fachhochschulen bewerben und in beiden Fällen ist ein Halbjahreszeugnis von Vorteil. Daher habe ich dem Vertreter dieser Meinung, dem Abgeordneten Alfred Prader die Beschlussfassung bei der nächsten Novelle zugesagt, wenn auch seitens der BHS hier ein Konsens festzustellen ist und das ist dann 2008 auch geschehen.

**Das Wichtigste für Volksvertreter sind die Anliegen des Volkes**

Manche mögen jetzt denken: Haben die Nationalräte nichts Wichtigeres zu tun, als sich mit solchen Kleinigkeiten zu beschäftigen? Ja und nein. Unbedeutend sind solche Punkte meist für all jene, die damit nichts zu tun haben, bedeutend und wichtig aber für jene, die davon betroffen sind oder die sich für diese Sache engagieren – und da hat eben jeder seine eigenen Themen. Es zeichnet Abgeordnete meiner Überzeugung nach aus, wenn ihnen auch solche scheinbaren Kleinigkeiten nicht zu unwichtig sind und sie sich ihrer annehmen.

Erwin Niederwieser

# 8. Zwei Jahrzehnte Bildungs- und Wissenschaftspolitik

Die Zeitung „Der Standard" hat im Herbst 2008 einige Abgeordnete befragt, was sie „Bleibendes" im Nationalrat geleistet haben. Was wirklich „bleibt" weiß ohnehin niemand und ein Gesetz ist eben kein handgefertigtes Möbelstück, bei dem der Tischler sagen kann: Das habe ich gefertigt (und selbst da kommt zuerst der Förster der den Baum pflanzt, dann der Holzarbeiter, die Sägewerksarbeiter, die Transportarbeiter, der Holzeinkäufer, der Werkzeughersteller, der Leimerzeuger und der Polsterer usw.), sondern Produkt einer Zusammenarbeit Vieler.

Dasselbe gilt für eine neue Position im Bundesbudget oder die Beseitigung eines Missstandes aufgrund einer parlamentarischen Anfrage.

Am Beginn steht eine Idee für eine Verbesserung oder Veränderung, die hat der Abgeordnete selbst oder greift sie von jemandem auf. Dann folgen Gespräche, wie das umzusetzen wäre, dann vielleicht ein Gesetzesantrag und wiederum viele Gespräche mit Personen, die diesen Antrag unterstützen sollen und mit jenen, die ihm zunächst ablehnend gegenüberstehen. Manchmal ergibt eine glückliche Fügung, dass das Gesetz, in dem der neue Passus untergebracht werden soll, gerade in Begutachtung oder Verhandlung ist und dass auch andere etwas ändern wollen, deren Zustimmung man braucht.

Was sind nun solche „bleibenden" Initiativen?

Als einem/r Abgeordnete zuordenbare Initiativen würde ich jene bezeichnen, die erkennbar von ihr/ihm ausgegangen sind und die ohne diese Aktivitäten nicht geschehen wären.

Wenn ich an persönliche „Erfolge" denke und die Jahre Revue passieren lasse, dann waren in einer sicher unvollständigen Aufzählung wichtige Schritte in der Bildungs- und Wissenschaftspolitik, an denen ich sehr wesentlich beteiligt war, unter anderem:

### Ein Rückblick: Von 1990 bis 2008

- 1990
  - BMUK Dr. Hilde Hawlicek und BM Dr. Rudolf Scholten (ab 17.12.90)
  - BMWF Dr. Erhard Busek
  - 13. SchOG Novelle – Ausweitung der Schulversuche zur Integration behinderter Kinder von 250 auf 500 Klassen; Auflösung der starren Leistungsgruppen in den Hauptschulen; Unterrichtsprinzip Interkulturelle Bildung an Volksschulen und Hauptschulen und die unverbindliche Übung „Interessens- und Begabungsförderung" sowie der Beginn der Diskussion über den Aufbau eines Fachhochschulsektors in Österreich
- 1992
  - Direktwahl der Schulsprecher und diverse Verschiebungen in den Entscheidungskompetenzen vom BMUK auf die Landesschulräte und von diesen auf die Schulen;
  - Studienförderungsgesetz Neu
- 1993
  - Einführung des „gemeinsamen Unterrichts behinderter und nichtbehinderter Kinder" in der Volks-

schule und Einführung ganztägiger Schulformen in verschränkter oder getrennter Form in das Regelschulwesen
- Erhöhung der Mittel für nichtkonfessionelle Privatschulen
- Beginn der Diskussion über die Abschaffung der 2/3 Mehrheiten für Schulgesetze
- Fachhochschul-Studiengesetz
- UOG Novelle
- 1994
  - BMUK Dr. Erhard Busek (ab 29.11.94)
  - BMWF Dr. Rudolf Scholten (ab 29.11.94)
  - Berufsschule wird „Sekundarschule"
  - Schulversuche „Fremdsprache in der Volksschule"
  - Fremdsprache und Polit. Bildung an Berufsschulen
  - Ausweitung der Lehrplanautonomie
- 1995
  - BM Elisabeth Gehrer (ab 4.5.95)
  - Beginn der Arbeiten am Schulunterrichtsgesetz für die Schulen für Berufstätige
  - Ausweitung der schulautonomen freien Tage auf 5 (2008 aufgrund negativer Erfahrungen und auf Wunsch vor allem der Elternorganisationen wieder zurückgenommen)
  - Beginn der Diskussion über eine Reform der Lehrerbildung an Hochschulen oder Universitäten
- 1996
  - Fortführung der Integration nach der Grundschule in der Sekundarstufe 1 d.h. an Hauptschulen und an der Unterstufe des Gymnasiums
  - Reform der Polytechnischen Schule
    - Berufsgrundbildung
  - Zweckgebundene Gebarung und Drittmittel – erweiterte Finanzautonomie für die Schulen

- PC Ausstattungsprogramm
- Ausweitung des Schulbuchprogramms auf alle neuen Medien
- 1997
  - BMWF Dr. Caspar Einem (ab 28. 1. 97)
  - Berufsreifeprüfung samt Zusatzangeboten in den Berufsschulen
  - Schaffung teilrechtsfähiger Einrichtungen im Schulbereich
  - Berufsorientierung in der 7. und 8. Klasse (als verbindliche Übung)
  - SchUG für Schulen für Berufstätige
  - Schulleiter auf Zeit
  - Teilrechtsfähigkeit für Bundesschulen
  - Universitätsstudiengesetz 1997
- 1998
  - Fertigstellung der Arbeiten am neuen SP Bildungsprogramm
  - Flexible Schuleingangsphase
  - Überspringen von Schulstufen
  - Nachholen von Bildungsabschlüssen in einem freiwilligen 10. und 11. Schuljahr
  - Lebende Fremdsprache ab 1. Klasse Volksschule als verbindliche Übung
  - Einführung der Bildungskarenz
  - Gesetz über die Kunstuniversitäten – K-UOG
- 1999
  - Akademiestudiengesetz (Umwandlung und Zusammenführung der Einrichtungen der Lehreraus- und -weiterbildung)
  - Akkreditierungsgesetz (Rechtsstatus für Privatuniversitäten)
  - Einführung der Bologna Studienarchitektur mit Bachelor, Master und Doktorat)

- 2000
  - BMWF Elisabeth Gehrer (ab 1.4.00)
- 2002
  - Universitätsgesetz 2002 und SP-Gegenentwurf zum Universitätsgesetz 2002
  - Bildungsdokumentationsgesetz (wegen Datenschutz umstritten)
  - SP Konzept zur Ganztagsschule
- 2003
  - Einrichtung einer Zukunftskommission unter Vorsitz von Univ. Prof. Günter Haider
- 2004
  - Beginn der Arbeiten des SP Kompetenzteams Bildung gemeinsam mit Josef Broukal[7]
  - Beschluss des SP Bildungsprogramms 2004
- 2005
  - Streichung des 2/3 Erfordernisses für Schulgesetze (Versteinerung seit 1962)
  - Endbericht und teilweise Umsetzung der Vorschläge der Zukunftskommission
- 2006
  - Sprachförderkurse in Volksschule – befristet bis 2007/08
  - Bundesinstitut für Bildungsforschung
  - Generelle 5-Tage-Woche an Schulen
  - Ausweitung der Nachmittagsbetreuung
- 2007
  - BM Dr. Claudia Schmied (ab 11.1.07)
  - Höhere Schülerbeihilfen
  - Neue Mittelschule Modellregionen
  - Deutlicher Ausbau der frühen sprachlichen Förderung
  - Umsetzung eines Richtwertes von 25 SchülerInnen je Klasse anstelle der bisherigen 30 (plus 20%

Überschreitung d.h. 36) – Beginn aufsteigend in den ersten Klassen
- 2008
  - Grundlage für die Einführung von Bildungsstandards
  - Ausbau des muttersprachlichen Zusatzunterrichts
  - Lehre mit Matura (Ausbau der Berufsreifeprüfung)

Die systematischen Arbeiten an der Umsetzung des sehr umfangreichen Regierungsprogramms im Bereich Bildung und Kultur wurden durch die vorzeitigen Neuwahlen unterbrochen, deren Fortführung hängt von der Regierungskonstellation der XXIV. Gesetzgebungsperiode ab.

Was auch nicht allgemein bekannt ist: Die parlamentarische Arbeit findet nur teilweise im Parlament selbst statt. Zur Vorbereitung solcher Initiativen, zur Darstellung der Politik nach außen und um neue Ideen und Vorschläge aufzunehmen, nehmen vor allem die Bereichssprecher/innen aber auch die Klubexperten/innen und die Mitglieder der Ausschüsse an Podiumsdiskussionen, Tagungen, Konferenzen usw. teil und eine gute Pressearbeit ist unerlässlich, um in der politischen Arena wahrgenommen zu werden.

Erwin Niederwieser

# 9. Bessere Bedingungen für die parlamentarische Arbeit?

Die bisher aufgezählten Beispiele zeigen, dass es die geltenden Arbeitsbedingungen durchaus erlauben, im Nationalrat seriös und gründlich an Gesetzen zu arbeiten. Damit will ich diverse Reformvorschläge keineswegs abtun aber auch sie müssen sich in der Praxis erst beweisen.

Unabhängig von Geschäftsordnung und Ressourcen für das Parlament sind einige grundlegende Regeln für das Funktionieren des Parlamentarismus zu beachten. Sie mögen manchen als fast banal erscheinen, leider sind sie trotz allem eher die Ausnahme als die Regel.

### Ohne Ziel kein Weg

Am Beginn eines jeden Gesetzes und jeder Novellierung muss Klarheit herrschen über das Ziel, das mit dem Gesetz erreicht werden soll.

Betrachten wir dies am Beispiel der Ausweitung der ganztägigen Schulformen: Ziele sind die Steigerung der Unterrichtsqualität, bessere Chancengleichheit und die Verminderung herkunftsbedingter Nachteile, bessere Vereinbarkeit von Beruf und Kind, die Umgestaltung der Schule zu einem „Haus des Lernens", die Förderung des Sozialverhaltens durch gemeinschaftliches Spielen, Essen, Sporteln etc.

Einige dieser Ziele sind im Vorblatt der Gesetzesentwürfe angeführt, meist sehr vage und selten so, dass ihre Erreichung auch überprüft werden kann.

**Wer geht mit und wer wird dagegen sein?**
Als nächstes empfiehlt es sich, Klarheit zu gewinnen, welche Gruppen davon betroffen sind. Die Ministerien verfügen über Standardlisten für die Durchführung der Begutachtungsverfahren. Bundesländer, Gemeinde- und Städtebund, die gesetzlichen und freiwilligen Interessensvertretungen, die Kirchen usw. werden in das Begutachtungsverfahren einbezogen und geben Stellungnahmen ab. Die Ministerialentwürfe, die Stellungnahmen und der Stand des Gesetzgebungsverfahrens sind jeweils auf der Homepage des Parlaments allgemein einsehbar.

In den meisten Fällen gibt es aber darüber hinaus Organisationen, die Betroffene vertreten. Sie von Beginn an zu berücksichtigen kann dazu beitragen, Unterstützer für ein Vorhaben zu gewinnen und spätere Widerstände zu vermeiden.

Oft schon am Beginn, aber spätestens in dieser Phase erfolgt die Einbeziehung der Wissenschaft und es sind „best practice Modelle" sowohl national als auch international auf ihre Umsetzbarkeit zu überprüfen.

Die Wissenschaft kann oft Wege aufzeigen und Begründungen liefern und die Mehrzahl ist hier bewusst gewählt, weil es oft nicht nur eine einzige Lösung gibt.

Expertenwissen einzuholen lohnt sich immer, auch wenn es manchmal bedeutet, einen zunächst beabsichtigen Weg verlassen zu müssen.

## Die Hürden der Verfassung

Die Unüberschaubarkeit und die in den Jahrzehnten seit 1920 oftmals verloren gegangene Logik der Zuständigkeiten in unserer Bundesverfassung stellen gerade in der Bildungspolitik kaum zu überwindende Hürden dar.
Bleiben wir beim Beispiel ganztägiger Schulformen: Vorrangig ist der Bund zuständig, Regelungen enthalten u. a. das Schulorganisationsgesetz, das Schulunterrichtsgesetz, das Schulzeitgesetz und das Dienstrecht.

Für die Finanzierung des Personals ist der Bund zuständig, soweit es sich um den Unterricht und um Lehrer/innen handelt, für Betreuung und Freizeit haben die Gemeinden aufzukommen. Bei den Lehrern selbst ist die Zuständigkeit gesplittet, der Bund bezahlt die Bundes- und LandeslehrerInnen[8], die Anstellung der Landeslehrer selbst erfolgt durch die Länder, am Dienstort Schule sind je nach Art des Personals Direktor/in oder Bürgermeister Dienstvorgesetzter.

Ganztagsschulen benötigen eine zusätzliche Ausstattung durch den „Schulerhalter" – das sind einzelne Gemeinden, Gemeindeverbände, das Bundesland oder der Bund.

Für die Einführung der ganztägigen Schule braucht es demnach diverse Beschlüsse und zwar an der Schule (die Schulpartner mit Mehrheiten in den einzelnen „Kurien" und im Schulpartnerschaftsgremium), in der Gemeinde und im Bezirksschulrat usw.

Man sieht: Es ist nicht gerade leicht, an einer Schule eine ganztägige Form einzuführen. Solche Beispiele ließen sich beliebig fortsetzen und sie alle zeigen eines: Eine Verfassungsreform ist dringend notwendig.

Erwin Niederwieser

# 10. Über die Qualität der parlamentarischen Arbeit

Und die Abgeordneten selbst? Was ist von ihnen zu fordern?

Das Thema ist heikel und ich bin mir des Umstandes bewusst, dass die in der Öffentlichkeit wahrgenommene Kompetenz eines Abgeordneten nicht an diesen Anforderungen gemessen wird und dass tatsächlich die große Verschiedenheit der 183 Mitglieder des Nationalrates auch eine Qualität für sich darstellt.

Für die thematische Arbeit, vor allem in den Ausschüssen, ist Sachkompetenz von Vorteil und zwar sowohl hinsichtlich der Inhalte als auch der Abläufe (d. h., wie es zu einer Entscheidung kommt).

Wenn die Sachkompetenz der Abgeordneten fehlt, dann entscheiden die Beamten der Ministerien durch die Formulierung der Ministerialentwürfe, der Regierungsvorlagen und der Abänderungsanträge und durch ihr Sachwissen in den Beratungen. Viele von ihnen sind ohnedies der Meinung, dass dies der bessere Weg wäre und dass aktive Abgeordnete in einem zügigen und zielstrebigen Gesetzgebungsprozess eher ein Hindernis als eine Hilfe sind.

Allerdings: Erstens sind auch gute Beamte nicht unfehlbar und zweitens ist in einer Demokratie die Verantwortung gegenüber den Wählerinnen und Wählern und damit die parlamentarische Rückkoppelung durch die Abgeordneten unerlässlich. Die politisch geprägte Führung der alten „Verstaatlichten" war sicher nicht ohne Fehler, aber alles nur den Fachleuten zu überlassen (wie bei der ÖIAG) kann auch in die Irre führen.

Erwin Niederwieser

# 11. Das Parlament als einzig legitimierter Vertreter des Volkes

Regierung – Parlament

Bei Fragen nach der Macht von Bereichssprechern/innen habe ich immer geantwortet, dass man als Bereichssprecher/in einer Regierungspartei zwar nicht alles so regeln kann, wie man will (weil es dazu eine Mehrheit und damit auch die Zustimmung des Koalitionspartners braucht), dass aber auch nichts gegen den expliziten Willen geschehen kann.

Das trifft zu, wenn man bereit ist, auch Konflikte einzugehen. Dabei sind Widersprüche zur Meinung des Ministers des Koalitionspartners nichts besonderes, schwieriger wird es, wenn man zum Regierungsmitglied der eigenen Partei im Widerspruch steht.

Bei der Einführung der Schulleiter auf Zeit hatte man sich auf Regierungsebene schon geeinigt und auch die Gewerkschaft war mit der Lösung einverstanden. Das war nicht weiter verwunderlich, denn Schulleiter sollten zwar auf vier Jahre bestellt werden, die Umwandlung in eine Leitung auf Dauer wäre aber nur verhinderbar gewesen, wenn im dafür zuständigen Gremium aus Vertretern des Dienstgebers Schulbehörde und der Dienstnehmer Personalvertretung/Gewerkschaft alle unisono der Meinung gewesen wären, diese Person ist für die Leitung ungeeignet. Würde auch nur einer der zwei gewerkschaftlichen Vertreter die Fähigkeit zur Leitung bejahen, dann würde die Person bis zu ihrer Pensionierung Leiter/in bleiben. Dagegen habe ich mich als damaliger Bereichssprecher für die Schulen eineinhalb Jahre zur Wehr gesetzt und bin trotz laufender Interventionen dabei geblieben, bis diese Regelung abgeändert wurde. Erleichternd war, dass sowohl die Mitglieder meiner Unterrichtsfraktion als auch der Klubobmann Dr. Kostelka diese, also meine Position voll unterstützt haben.

Anders war es bei der Einführung der Modellregionen zur Neuen Mittelschule. In Kenntnis der historischen Entwicklungen in Deutschland habe ich diesen Schritt eher als den Beginn eines Umweges zur Gemeinsamen Schule, denn als Schritt dorthin gesehen. Die im November 2008 aktuell stattfindenden Koalitionsgespräche mit der ÖVP scheinen dies zu bestätigen, denn über die Einführung der Gemeinsamen Schule braucht man jetzt nicht zu verhandeln, da sind zunächst einmal die Erfahrungen aus den Modellregionen abzuwarten. Ministerin Dr. Claudia Schmied hatte sich andererseits für diese Neue Mittelschule bereits sehr exponiert und sie zu verhindern hätte bedeutet, die eigene Ministerin im Regen stehen zu lassen. Andererseits hatte sie bis dahin sehr professionelle Arbeit geleistet, das Ministerium wieder in Schwung gebracht und sich einen guten Namen unter Bildungsreformern gemacht und die inhaltlichen Verbesserungen in der Neuen Mittelschule, vor allem das Konzept der Individualisierung und des Unterrichts in heterogenen Gruppen, waren durchaus wichtige Elemente einer gemeinsamen Schule der Zukunft und sollte es mit oder ohne ÖVP in absehbarer Zeit eine Mehrheit für die flächendeckende Einführung der gemeinsamen

Schule von 6 bis 14 oder 15 geben, dann wären die laufenden Modelle kein Hindernis.

Das waren letztlich die Überlegungen für die Zustimmung und ich hoffe, dass sie sich als richtig erweisen werden. Denn eines ist auch sicher: Die 183 Abgeordneten der verschiedenen Fraktionen haben kaum jemals die Absicht, Bürgern zu schaden oder Unsinnigkeiten zu beschließen. Es gibt Justament-Standpunkte, es gibt von der medialen Wirksamkeit beeinflusstes Abstimmungsverhalten (die Opposition kommt in den Medien kaum vor, wenn sie mit der Regierungsmehrheit stimmt und hat dann auch weniger Redemöglichkeiten im Plenum), es gibt Politik für die eigene Stammwählerschaft und es gibt unterschiedliche ideologische Standpunkte. Kompromisse ermöglichen oft überhaupt erst einen Beschluss, aber sie sind die Mischung aus zwei oder mehreren möglichen Wegen. Meine Position wäre die Ganztagsschule gewesen, der Kompromiss war die verschränkte und die getrennte Form als Unterrichts-, Lern- und Freizeitteile nach pädagogischen Überlegungen über den Tag verteilt, oder wie gehabt am Vormittag Unterricht und am Nachmittag Lernbetreuung und die eine oder andere Freizeitaktivität. Ich hätte die Integration von Kindern mit sonderpädagogischem Förderbedarf in die „Regelklassen" forciert, der Kompromiss war, dass es beides gibt, Integrationsklassen und Sonderschulen. Den „Bremsern" bei diesen Kompromissen unterstelle ich nicht, dass sie den Kindern Böses wollen aber sie sind (noch) nicht davon überzeugt, dass der neue Weg der richtige ist oder nehmen auf Gruppen Rücksicht, die ihnen wichtiger sind. Und ob es einem passt oder nicht, das ist letztlich „Volkes Wille" weil die Wählerinnen und Wähler bestimmen, wie die Stärkeverhältnisse in einem Parlament verteilt sind und was daher beschließbar ist und was nicht.

## Amerkungen

1 Dr. Lothar Müller war bereits seit 1979 Bundesrat und seit 1986 Abgeordneter zum Nationalrat.
2 Mag. Maier als Jurist und Konsumentenschutzexperte der AK Salzburg war einer der wenigen Abgeordneten der solche Anträge auch selbst geschrieben hat, meine Anträge stammen etwa zur Hälfte aus dem eigenen PC (die „eigene Feder" gibt es ja nicht mehr) und zur anderen Hälfte von den Mitarbeitern des Klubs, meinen Parl. Mitarbeitern oder anderen Experten/innen.
3 Zum Begutachtungsverfahren des UG 2002 siehe http://www.parlament.gv.at/PG/DE/XXIII/ME/ME_00206/pmh.shtml
4 Die AK Tirol hat in einem Gutachten grobe Mängel dieses Gesetzes nachgewiesen. SP Konsumentenschutzsprecher Mag. Maier hat daraus einen umfangreichen Antrag für eine Novellierung verfasst, den Maier/Niederwieser dann eingebracht haben. Maier hat in der Folge in vielen Verhandlungen mit dem Justizministerium eine konsensfähige Lösung erarbeitet.
5 2006 beispielsweise haben die Kapitel Unterricht und Wissenschaft für die SPÖ LH Hans Niessl und ich und für die ÖVP BM Elisabeth Gehrer und NR Fritz Neugebauer mit einem kleinen Stab an Mitarbeitern verhandelt.
6 Peter Merschitz; Politische Einstellungen von Jungwählern und Jungwählerinnen in Österreich – eine empirische Studie; Wien 2008; S. 274
7 Josef Broukal und ich leiteten – zeitweise gemeinsam mit Andrea Kuntzl – das „Kompetenzteam Bildung" und die geglückte Kombination von jahrzehntelangem Expertenwissen in Bildungs- und Wissenschaftspolitik und Medienpraxis hat der SP in der Positionierung des Themas Bildung sehr geholfen, sie lag in den Kompe-

tenzwerten zeitweise doppelt so gut als die nächstplatzierte ÖVP und diese Kompetenz brachte auch die entscheidenden Prozentpunkte bei der Wahl 2006.
8 Das sind die Lehrer an Volksschulen, Hauptschulen, Polytechnischen Schulen, Sonderschulen und Berufsschulen.

# Autorinnen und Autoren

### Broukal Josef

Josef Broukal war 28 Jahre Journalist und Moderator beim ORF. Er glaubte fälschlicherweise, im Jahr 2002 durch seine Kandidatur zum Nationalrat etwas zur Abwahl der FPÖ/ÖVP-Koalition beitragen zu können, machte dann im Interesse der Universitäten und der Studierenden sechs Jahre lang ÖVP-Ministern das Leben schwer und ging im November 2008 62-jährig in Pension.

### Filzmaier Peter

Univ.-Prof. Dr. Peter Filzmaier, geb. 1967 in Wien, Politikwissenschaftler, Professor für Demokratiestudien und Politikforschung sowie Leiter des Departments Politische Kommunikation an der Donau-Universität Krems, geschäftsführender Gesellschafter des Instituts für Strategieanalysen und Kommunikationsforschung (ISAK). Arbeitsschwerpunkte sind Politik- und Wahlanalysen, Politische Bildung und Partizipationsforschung, Politik und Medien bzw. Internet und Demokratie, sowie Vergleich politischer Systeme (insbesondere politisches System und politischer Prozess in den USA), peter.filzmaier@strategieanalysen.at

**Hammerl Elfriede**

Autorin und Journalistin. Lebt in der näheren Umgebung Wiens, eine Tochter (*1982). Kolumnistin bei „profil", mit den Themenschwerpunkten Frauen- und Sozialpolitik. Zuvor Kolumnen in „stern", „Vogue", „Cosmopolitan", „marie claire" und „Kurier". Zahlreiche Buchveröffentlichungen, zuletzt „Müde bin ich, Känguru", Roman, Deuticke 2006, und „Hotel Mama", Deuticke 2007.
Mitinitiatorin des österreichischen Frauenvolksbegehrens (April 1997). Publizistikpreis der Stadt Wien, 1999, Frauenpreis der Stadt Wien, 2002. Concordiapreis (in der Kategorie Menchenrechte), 2003.

**Hämmerle Kathrin**

MMag. Kathrin Hämmerle, geb. 1969 in Vorarlberg, Politik- und Rechtswissenschaftlerin an den Universitäten Klagenfurt und Innsbruck, Lehraufträge an beiden Universitäten und u.a. an der Fachhochschule und der Pädagogischen Hochschule Kärnten, Steuerung des Master-Lehrgangs Politische Bildung in

Kooperation mit der Donau-Universität Krems, stv. Vorsitzende der österreichischen Gesellschaft für Politikwissenschaft. Veranstalterin des internationalen Fachkongresses „Politische Bildung neu denken" 2006 an der Uni Klagenfurt. Zahlreiche Herausgeberschaften und Buchveröffentlichungen; u.a. über Politische Bildung, Zivilgesellschaft, Partizipation, Tiroler und Kärntner Landespolitik.

**Niederwieser Erwin**

DDr. Erwin Niederwieser, geb. am 2. Feber 1951 in Lienz, wh. Völs bei Innsbruck; Volksschule, Humanist. Gymnasiums in Unterwaltersdorf/NÖ, Dr. jur. 1975 und Dr. phil. (Erziehungswissenschaften) 1983.

Während der Gymnasial- und Studienzeit Arbeit in verschiedenen Berufen und Branchen, u. a. im Gastgewerbe, bei der Post, in der Automobilindustrie, in der Krankenpflege und im Lebensmittelhandel. Nach Absolvierung des Jusstudiums Gerichtspraxis am BG und LG Innsbruck, zuletzt als Richteramtsanwärter.

Seit 1976 beschäftigt bei der Kammer für Arbeiter und Angestellte für Tirol, seit 1978 Leiter der Bildungspolitischen Abteilung, während der Ausübung des Mandates im NR auf 50% reduziert.

Verheiratet, 3 Kinder (Christof, geb. 1976, Stefan, geb. 1979 u. Andreas, geb. 1980)

Politische Funktionen: Gemeinderat der Gemeinde Völs, von 1986 bis 1990 Vizebürgermeister in Völs, Bezirksvorsitzender SPÖ Innsbruck Land, Mitglied des Landesparteivorstandes der SPÖ Tirol seit Nov. 1994,

Abgeordneter zum Nationalrat seit 1990–2008 für den Wahlkreis Innsbruck-Land/Schwaz; Wissenschaftssprecher der SPÖ 1995–2002, ab 2002–2008 Bildungssprechers und stellv. Obmann des Unterrichtsausschusses.

Aufgrund des Verzichts auf eine neuerliche Kandidatur bei den vorgezogenen Wahlen 2008 Beendigung des Mandats mit Ende der XXIII. GP am 27. 10. 2008.

**Plaikner Peter**

geb. 1960; Medienberater und Politikanalyst; 1981–2004 Tiroler Tageszeitung, dort ab 1995 stv. Chefredakteur; seit 2005 selbstständig mit plaiknerpublic medienarbeit – Innsbruck | Wien | Klagenfurt, strategische Kommunikationsberatung; Politikkolumnist der Tiroler Tageszeitung; Medienkolumnist für Die  Furche; Bundesländer-Analysen für die Wiener Zeitung; Lehrgangsmanager für politische Kommunikation an der Donau Universität Krems; Moderationen, Vorträge, Lehrtätigkeit u. a. an der österreichischen Medienakademie/Kuratorium für Journalistenausbildung, am Management Center Innsbruck, an der Fachhochschule Salzburg, an der Universität Graz und an der Pädagogischen Hochschule Kärnten; Herausgeber Tiroler Jahrbuch für Politik (Athesia 2004, Facultas 2009), Edition Politische Kommunikation (Böhlau 2007, 2009), Ecoregio 2020 – Die wirtschaftliche Zukunft von Tirol, Südtirol und Trentino (Studienverlag 2008).

**Ulram Peter A.**

Univ.-Doz. Dr. Peter A. Ulram, geboren 1951 in Wien.

Bereichsleiter für Public-Politikforschung bei GfK Austria und Universitätsdozent für Politikwissenschaft an der Universität Wien. Autor, Coautor und Herausgeber von 13 Büchern zu den Schwerpunktthemen Wahl- und Parteienforschung.

Politische Kultur in Österreich und im internationalen Vergleich, Demokratisierung in Ost- und Ostmitteleuropa, politische Kommunikation; diverse Beiträge zur Europäischen Union.

**Winkler Hans**

Dr. Hans Winkler ist 1942 geboren und absolvierte nach dem Gymnasium ein Jus-Studium in Graz; Er war Generalsekretär der Katholischen Aktion/ Kärnten (1968), von 1973 Redakteur der Kleinen Zeitung in Graz, ab 1985 Ressortleiter für Aussenpolitik und ab 1995 Leiter der Wiener Redaktion; Er ist seit 2007 Freier Journalist und Konsulent.

*Klaus Bolzano*

# Die Neidgesellschaft
## Warum wir anderen nichts gönnen

Die Kirschen, die im Garten des Nachbarn wachsen, versprechen immer die süßesten zu sein. Wir neiden anderen Aussehen, Macht, gesellschaftliche Stellung, Besitz, und glückliche Beziehungen. Durch Nachahmung imitieren wir Verhaltensweisen und versuchen den gleichen Lebensstandard zu erreichen, um in die idealisierten Kreise zu gelangen. Dahinter steht stets das Ringen um Ansehen und Aufmerksamkeit. In diesem Buch erklärt der Autor die Ursachen für unseren Neid und das nachahmende Streben und öffnet uns mit vielen Beispielen die Augen für Situationen, in denen wir uns alle als Neider wiederfinden.

**Dr. Klaus Bolzano**, ist Facharzt für Innere Medizin, war Primar. Er habilitierte sich, beschäftigt sich intensiv mit philosophischen und theologischen Themen und hält Vorlesungen an verschiedenen Universitäten.

Hardcover, 152 Seiten
Format 11,5 x 19 cm
ISBN: 978-3-901880-08-7

**Preis: 19,⁹⁰ €**

Bestellen Sie unter +43 (0) 1 505 43 76-30 oder per Fax: +43 (0) 1 505 43 76-20 oder unter verlag@goldegg-verlag.com

*Klaus Bolzano*

# Kranke Medizin?
## Die Kunst Arzt oder Patient zu sein

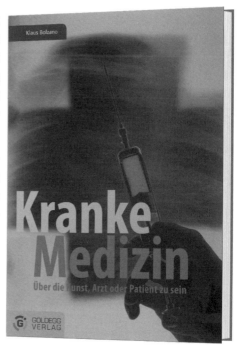

Die Kunst der Medizin liegt nicht allein in einer möglichst perfekten „Reparatur" des Kranken sondern in der gelungenen Beziehung zwischen Arzt und Patient, aus der sich eine echte Heilung entwickeln kann.

So kann die ursprüngliche Abhängigkeit des Kranken einem Miteinander Platz machen, indem beide sich als Partner auf Augenhöhe gegenüberstehen.

In der Praxis ist dieser Ansatz oft überlagert durch Überlastung, überhöhte Erwartungen an die Technik, Zeitknappheit und Machtspiele. Wo bleibt dabei der Mensch im System der Medizin?

**Dr. Klaus Bolzano**, ist Facharzt für Innere Medizin, war Primar. Er habilitierte sich, beschäftigt sich intensiv mit philosophischen und theologischen Themen und hält Vorlesungen an verschiedenen Universitäten.

Hardcover, 216 Seiten
Format 13,5 x 21,5 cm
ISBN: 978-3-901880-30-8

**Preis: 19,80 €**

Bestellen Sie unter +43 (0) 1 505 43 76-30 oder per Fax: +43 (0) 1 505 43 76-20 oder unter verlag@goldegg-verlag.com